Rational Choice

Campus Einführungen

Herausgegeben von
Thorsten Bonacker (Marburg)
Hans-Martin Lohmann (Frankfurt a. M.)

Volker Kunz ist Professor für Politikwissenschaft
an der Johannes-Gutenberg-Universität Mainz.

Volker Kunz

Rational Choice

Campus Verlag
Frankfurt/New York

Bibliografische Information der Deutschen Bibliothek

Die Deutsche Bibliothek verzeichnet diese Publikation in der Deutschen
Nationalbibliografie. Detaillierte bibliografische Daten sind im Internet über
http://dnb.ddb.de abrufbar.

ISBN 3-593-37237-1

Das Werk einschließlich aller seiner Teile ist urheberrechtlich geschützt.
Jede Verwertung ist ohne Zustimmung des Verlags unzulässig.
Das gilt insbesondere für Vervielfältigungen, Übersetzungen, Mikro-
verfilmungen und die Einspeicherung und Verarbeitung in elektronischen
Systemen.
Copyright © 2004 Campus Verlag GmbH, Frankfurt/Main
Umschlaggestaltung: Guido Klütsch, Köln
Satz: TypoForum GmbH, Seelbach
Druck und Bindung: Druckhaus Beltz, Hemsbach
Gedruckt auf säurefreiem und chlorfrei gebleichtem Papier.
Printed in Germany

Besuchen Sie uns im Internet: www.campus.de

Inhalt

1 **Einleitung** 7

2 **Methodologische Grundlagen** 17
   2.1 Rationalitätspostulat 18
   2.2 Empirisch-analytischer Ansatz 19
   2.3 Deduktiv-nomologische Erklärung 21
   2.4 Strukturell-individualistischer Ansatz 24

3 **Handlungstheorie und Spieltheorie** 32
   3.1 Nutzenmaximierung 33
   3.2 Kern- und Zusatzannahmen 35
   3.3 SEU-Modell 43
   3.4 Marginalanalyse 49
   3.5 Spieltheorie 53

4 **Anwendungen** 59
   4.1 Anwendungsbreite und Anwendungsstrategien .. 60
   4.2 Rational Choice und die Analyse demokatischer Prozesse 75

- 4.3 Rational Choice und die Analyse kollektiven Handelns 87
- 4.4 Rational Choice und die Konstruktion von Brückenannahmen 104
- 4.5 Rational Choice und theoriegeleitete Evaluationsforschung 123
- 4.6 Zusammenfassung 133

5 Kritik, Probleme und Perspektiven 135

6 Schlussbemerkung 160

Literatur 163

Glossar 171

1 Einleitung

Dieses Buch stellt einen theoretischen Ansatz vor, der auf die Übertragung einer ökonomischen Betrachtungsweise auf viele verschiedene Bereiche zielt, wie Politik und Bürokratie, Kriminalität und Konflikte, Ausbildung und Forschung, Umwelt und Gesundheit oder Ehe und Familie. Der Rational-Choice-Ansatz hat in der sozialwissenschaftlichen Forschung eine lange Tradition und entwickelt sich zunehmend zu einem integrativen Konzept, das die einzelnen Disziplinen wie Politikwissenschaft, Soziologie und Ökonomie zusammenführt. Einige Rational-Choice-Vertreter sind sogar der Überzeugung, dass der Ansatz auf die Analyse und Erklärung aller menschlichen und sozialen Handlungsweisen anwendbar ist.

Wichtige Grundlagen und Fragestellungen des Rational-Choice-Ansatzes finden sich bereits in der Sozialphilosophie und Politischen Philosophie des 15. und 16. Jahrhunderts. Vor allem Niccolò Machiavelli (1469–1527) und Thomas Hobbes (1588–1679) wendeten sich gegen die einflussreiche Sichtweise, der zufolge sich der Mensch von Natur aus an göttlichen Gesetzen und dem Gemeinwohl orientiert. Vor dem Hintergrund von Bürgerkriegen und der Beobachtung einer andauernden politischen Vorteilssuche der Herrschenden gingen sie vielmehr von einem Menschenbild aus, nach dem es den Menschen in erster Linie um die Befriedigung ihrer eigenen Bedürfnisse geht. Dieser Wechsel in der Betrachtungsweise hat zu der zentralen und im Rational-Choice-Ansatz bis heute aktuellen Fragestellung geführt, wie unter der Voraussetzung von konkurrierenden Interessen und Individuen, die nur an ihrem eigenen Vorteil interessiert sind, gesellschaftliche Integration und eine stabile politische Ordnung möglich ist. Nach Hobbes liegt die Lösung in einem Gesellschaftsvertrag zwischen den Individuen, in dem der »Leviathan« beziehungsweise der Staat als neutrale und übergeordnete Instanz die Sicherstellung sozialer Ordnung garantiert.

Dem Grundgedanken, das Handeln der Menschen und ihr Streben nach Befriedigung der Bedürfnisse zum Ausgangspunkt der Analyse sozialer Prozesse und Strukturen zu machen, folgen im 18. Jahrhundert die klassischen Nationalökonomen und schottischen Moralphilosophen. Im Unterschied zu Hobbes wird der Einzelne hier aber nicht als ein von der Natur vorbestimmtes Wesen mit bestimmten festgelegten Bedürfnissen betrachtet, sondern als ein gegenüber den gesellschaftlichen Institutionen grundsätzlich offener und von diesen formbarer Akteur (vgl. Jonas 1981, S. 96ff.; Vanberg 1975, S. 5ff.). Vor diesem Hintergrund ersetzt in der schottischen Moralphilosophie die dezentrale Koordination über den Markt die zentrale Organisation gesellschaftlicher Ordnung. David Hume (1711–1776), Adam Ferguson (1723–1816) und Adam Smith (1723–1790) sind große Vertreter dieser sozialtheoretischen Richtung, die Ökonomie nicht als isolierte Wissenschaft, sondern als interdisziplinären Ansatz im Zusammenhang von Gesellschaft, Ethik und Politik begriff. In ihren Überlegungen findet sich bereits die Idee der Knappheit als eine der wesentlichen Bedingungen menschlichen Handelns mit dem Ziel der Bedürfnisbefriedigung. Diese Idee stellt in der neoklassischen Ökonomie die zentrale Grundlage zur Systematisierung und Formalisierung der grundlegenden Zusammenhänge dar, wobei sich der Gegenstandsbereich in erster Linie auf die Güterwirtschaft im Marktzusammenhang beschränkte. Begründer der Neoklassik sind Antoine Augustin Cournot (1801–1877), Hermann Heinrich Gossen (1810–1858) und Johann Heinrich von Thünen (1783–1850). Ihre Überlegungen wurden insbesondere von William Stanley Jevons (1835–1882), Léon Walras (1834 – 1910) und Alfred Marshall (1842–1924) methodisch weiterentwickelt.

Diese Arbeiten bilden zugleich die Grundlage der Wohlfahrtstheorie als normativ-analytische Wirtschaftstheorie. Ihr Interesse richtet sich auf die Herleitung der optimalen Bedingungen zur Maximierung gesamtwirtschaftlicher und -gesellschaftlicher Wohlfahrt als vorgegebenes Ziel. Im Hintergrund steht die Leitidee der Utilitaristen wie Jeremy Bentham (1748–1832), nach der sich die gesellschaftliche Integration an dem größten Glück der größten Zahl orientierten solle. Zu den profilierten Vertretern dieser Richtung gehören Vilfredo Pareto (1848–1923) oder Abba P. Lerner (1903–1982). Auf den Ökonom und Soziologen Pareto geht das bekannte und nach ihm benannte wohlfahrtstheoretische Kriterium zurück: Eine Situation ist dann einer anderen vorzuziehen, wenn die Wohlfahrt oder der Nutzen mindestens einer Person steigt, aber keine Person entsprechende Einbußen hinnehmen muss. Eine »paretooptimale« Situation liegt daher dann vor, wenn es nicht mehr möglich ist, die Wohlfahrt mindestens einer Person zu erhöhen, ohne dass dadurch diejenige anderer Personen reduziert wird. Unter diesen Bedingungen spricht man auch von einer »effizienten Ressourcenallokation«.

Einen großen programmatischen Stellenwert besitzt bis heute die berühmte Formel der »unsichtbaren Hand« von Adam Smith. Demnach kann der wirtschaftliche Wohlstand einer Gesellschaft als das ungeplante Ergebnis individueller Vorteilssuche auf dem freien Markt betrachtet werden. Gesamtgesellschaftliche Enwicklungen werden auf diese Weise mittels Annahmen über Regelmäßigkeiten menschlichen Handelns in sozialen Situationen, wie die Verfolgung des Selbstinteresses unter den institutionellen Bedingungen des freien Marktes, erklärt. Auch wenn die Überlegungen von Smith vor allem in der Ökonomie rezipiert wurden, sind sie nicht nur für den Bereich rein wirtschaftlichen Handelns von Bedeutung. Denn hier wird eine grundsätzliche Perspektive zur Gesellschaftsanalyse eröffnet, der zufolge sich soziale Strukturen und Prozesse als Ergebnisse individuell motivierten und interindividuell vermittelten Handelns darstellen lassen. Diese Perspektive hat nach der Wiederentdeckung und fächerübergreifenden Rezeption von Adam Smith auch in den anderen Sozialwissenschaften große Beachtung gefunden (vgl. Kaufmann/Krüsselberg 1984). Heute bezieht sich der Rational-Choice-Ansatz in den Sozialwissenschaften von vornherein auf die Grundpositionen der schottischen Moralphilosophie (vgl. Albert 1977, S. 181 ff.; Esser 1996, S. 239 ff.). Sie lassen sich in fünf Thesen zusammenfassen: (1) Handlungseinheit ist das Individuum. (2) Das Handeln der Individuen folgt dem Selbstinteresse. (3) Knappheit bestimmt die menschliche Lebenssituation. (4) Es gibt eine konstante, kultur-, zeit- und gesellschaftsübergreifende menschliche Natur. (5) Soziale Prozesse und Strukturen sind das ungeplante Ergebnis absichtsvoller individueller Handlungen.

Die erste These entspricht der Position des methodologischen Individualismus im Rational-Choice-Ansatz. »Methodologischer Individualismus« bezeichnet eine verbreitete sozialwissenschaftliche Orientierung, die bei der Analyse gesellschaftlicher Ereignisse ausdrücklich auf den individuellen Akteur Bezug nimmt. Dieser Orientierung zufolge lassen sich alle sozialen Phänomene als das Resultat der Einstellungen, Entscheidungen und Handlungen von Individuen betrachten. Die sozialen Phänomene können im Einzelnen sehr unterschiedlicher Art sein, darunter fallen kollektive Ereignisse wie Demonstrationen oder Revolutionen, Verteilungs- und Strukturmuster wie Geburtenraten, Einkommensverteilungen oder Klassenstrukturen und viele andere kollektive Sachverhalte wie die Entstehung und der Wandel gesellschaftlicher Institutionen. Im Rational-Choice-Ansatz beruhen die individuellen Entscheidungen und Handlungen, die diesen kollektiven Phänomenen zugrunde liegen, auf rationalen Erwägungen, die sich nach dem Prinzip der Nutzenmaximierung richten, das heißt, es wird folgen- und erfolgsorientiert gehandelt. Damit ist gemeint, dass die Akteure versuchen, ihre Bedürfnisse, Ziele, Wünsche oder Präferenzen möglichst umfassend zu verwirklichen.

Diese Vorstellung folgt der zweiten These des Selbstinteresses, die in der neueren akteurtheoretischen Perspektive sehr allgemein interpretiert wird. Die Orientierung am Selbstinteresse schließt zum Beispiel die Orientierung des Handelns am Wohlergehen anderer nicht aus; entscheidend sind immer nur die individuellen Präferenzen, also der Nutzen, den eine Person einem bestimmten Sachverhalt zuschreibt. Die Beschränkung auf reinen Egoismus oder die Definition des Nutzens als eine möglichst umfassende persönliche Versorgung mit materiellen oder monetären Gütern findet sich – häufig in Verbindung mit der Idee einer vollkommenen Informiertheit der Handelnden – zwar ebenfalls in Rational-Choice-Analysen, ist aber die Annahme der neoklassischen Ökonomie, die die Grundlagen der formalen, entscheidungstheoretischen Analyse gelegt hat. Von diesem neoklassischen Konzept des »Homo oeconomicus« ist die Variante des lernfähigen, abwägenden und nur mit eingeschränkten Fähigkeiten ausgestatteten Akteurs zu unterscheiden, die in der Ökonomie auch als »REMM-Modell« bezeichnet wird. Es geht auf die bedeutenden Arbeiten von Herbert A. Simon (1955 u.a.) zur »begrenzten Rationalität« zurück. REMM bedeutet »resourceful, evaluating, maximizing man« (Meckling 1976).

In jeder Variante wird entsprechend der dritten These davon ausgegangen, dass die Knappheit der Mittel für die Erfüllung der Ziele ein zentrales Element jedweder Handlungssituation darstellt. Dies impliziert eine maximierende Abwägung von Alternativen in Abhängigkeit gegebener Restriktionen mit der Folge sozialer Tauschprozesse, die auf Dauer gestellt die Grundlage der Strukturen und Institutionen einer Gesellschaft bilden. Präferenzen, Restriktionen und Handlungswahlen sind daher die zentralen Variablen im Rational-Choice-Ansatz. Hierbei wird der vierten These folgend unterstellt, dass das individuelle Handeln nicht zufällig erfolgt, sondern allgemeinen Gesetzmäßigkeiten unterliegt. Diese allgemeinen handlungstheoretischen Annahmen werden mit speziellen Annahmen über die variablen sozialen und institutionellen Bedingungen des Handelns verknüpft. Auf dieser Verknüpfung beruht die Analyse und Erklärung der interessierenden sozialen Phänomene. In diesem Zusammenhang kommt der fünften These eine entscheidende Bedeutung zu. Individuelle Handlungsmotive und kollektive Handlungsfolgen müssen sich keineswegs einander entsprechen, häufig fallen sie sogar auseinander. Aus den kollektiven Handlungsfolgen ergibt sich wiederum die Ausgangssituation für weitere zukünftige Handlungen.

Rational Choice lässt sich damit einerseits als ein Analyse- und Erklärungsprogramm betrachten, das bestimmte allgemeine Vorstellungen über die Art und Weise, wie kollektive Phänomene zu untersuchen sind, enthält. Diese Vorstellungen beruhen auf der Idee einer wechselseitigen Verknüpfung von sozialen Strukturen und individuellen Handlungswahlen. Der entscheidende Punkt ist, dass die Ereignisse auf der individuellen und auf der kollektiven Ebene nicht getrennt voneinander betrachtet werden können. Soziale Phänomene resultieren aus individuellen Entscheidungen und Handlungen, und diese Handlungswahlen sind immer in soziale Strukturen eingebettet, das heißt, kollektive Phänomene stellen sowohl die Rahmenbedingungen als auch das Ergebnis individueller Handlungswahlen dar. Dieser Ansatz wird daher auch als »strukturell-individualistisch« bezeichnet. Andererseits steht Rational

Choice für eine Wahlhandlungstheorie, die allgemeine Annahmen über die Bestimmungsfaktoren des individuellen Handelns enthält. In der Regel wird mit Rational Choice die Kombination von Handlungstheorie und Analysekonzept bezeichnet. In diesem Buch werden die Begriffe »strukturell-individualistischer Ansatz« und »Handlungstheorie« verwendet, wenn die Bedeutung nicht eindeutig ist. Wenn von »Nutzentheorie« gesprochen wird, ist damit der handlungstheoretische Ansatz von Rational Choice gemeint. Die genaue Kennzeichnung auf dieser Ebene wird davon abhängen, ob man sich auf die restriktive Variante der neoklassischen Ökonomie oder auf die offenere Variante des »REMM-Modells« bezieht.

Nach der Ausdifferenzierung der Sozialwissenschaften im 19. und 20. Jahrhundert fand der Rational-Choice-Ansatz in erster Linie in den Wirtschaftswissenschaften Anwendung. In den letzten Dekaden ist eine zunehmende Ausweitung auf viele andere Bereiche und gesellschaftliche Zusammenhänge zu beobachten. Man spricht deshalb auch von einem »ökonomischen Imperialismus« (Radnitzky/Bernholz 1987). Einschlägige Untersuchungen finden sich heute auf allen Gebieten der Sozialwissenschaften, die den Ansatz auch auf das Handeln von kollektiven Akteuren wie Parteien, Verbände oder Unternehmungen anwenden. Teilweise verbinden sich mit diesen Arbeiten eigenständige, im Hinblick auf ihre Grundlagen und Entwicklungen aber auf vielfältige Weise miteinander verbundene Forschungsrichtungen. Hierzu zählen die Entscheidungs- und Spieltheorie (Ward Edwards, Duncan Luce, Howard Raiffa, Herbert A. Simon u. a.), die Austauschtheorie (Peter M. Blau, George C. Homans u. a.), die Neue Politische Ökonomie, die sich mit der Entstehung und dem Funktionieren von Kollektivphänomenen wie Organisationen, Bürokratien oder Parteienkonkurrenz beschäftigt (Anthony Downs, Albert O. Hirschman, Mancur Olson, Gordon Tullock, William H. Riker u. a.), moderne Vertrags- und Gerechtigkeitstheorien in der

Tradition von Hobbes (James M. Buchanan, Robert Nozick, John Rawls u.a.), die Sozialwahltheorie in der Tradition Paretos (Kenneth J. Arrow, Amartya K. Sen u.a.), die Neue Institutionenökonomie, die die große Bedeutung von Rationalitätsbeschränkungen in Form von Informationsdefiziten für wirtschaftliche, soziale und politische Transaktionen herausstellt und damit die klassische Annahme der allokativen Effizienz des Marktes hinterfragt (Ronald Coase, Douglas C. North, Oliver Williamson u.a.), sowie Untersuchungen auf den verschiedensten Feldern sozialen Handelns, die sich unter der Bezeichnung »Ökonomie des Alltags« zusammenfassen lassen (Gary S. Becker, Bruno S. Frey, Richard B. McKenzie u.a.).[1]

Von großer Bedeutung für die neuere Entwicklung des Rational-Choice-Ansatzes und seine Anwendung auf nichtökonomische Sachverhalte sind die Arbeiten von James S. Coleman, Hartmut Esser, Siegwart Lindenberg und Karl-Dieter Opp. Im deutschen Sprachraum haben darüber hinaus Siegfried F. Franke, Bruno S. Frey, Gebhard Kirchgässner, Franz Urban Pappi, Thomas Voss, Erich Weede, Reinhard Zintl u.a. wichtige Beiträge zur interdisziplinären Verbreitung des Rational-Choice-Ansatzes geleistet. Hinzu kommen zahlreiche sozial- und motivationspsychologische Arbeiten, die implizit oder explizit der Annahme der Nutzenmaximierung folgen. Die ersten grundlegenden Überlegungen hierzu finden sich bereits in der ersten Hälfte des 20. Jahrhunderts in der Theorie des zielgerichteten Verhaltens (E. C. Tolman), in der Feldtheorie (Kurt Lewin) und in der Sozialen Lerntheorie (Julian B. Rotter). Die derzeitige Popularität lässt sich insbesondere auf die Weiterentwicklung der instrumentellen Einstellungstheorie durch Martin Fishbein und Icek Ajzen zurückführen.

---

1 Vgl. die Literaturhinweise am Ende des Buches. Dort finden sich auch alle Angaben zur zitierten Literatur, die nicht im Text genannt sind.

Ein zentrales Ziel von Rational Choice ist die Erklärung sozialer, ökonomischer oder politischer Sachverhalte. In dieser Hinsicht handelt es sich um eine explikative Theorie zur Ursache-Wirkungs-Analyse realer Gegebenheiten mit sozialtechnologischem Anspruch, der auf die Möglichkeiten einer soziopolitischen Steuerung menschlichen Handelns und sozialer Phänomene zielt. Darüber hinaus beschäftigen sich viele Arbeiten mit der Formulierung möglicher Bedingungskonstellationen für das Auftreten bestimmter kollektiver Ereignisse. Im Mittelpunkt steht dann die logische Analyse unterschiedlicher Konstellationen und nicht die empirisch zutreffende Beschreibung und Erklärung der sozialen Wirklichkeit. Allerdings knüpft die Herleitung solcher Bedingungskonstellationen häufig an der Kenntnis der empirischen Ursache-Wirkungs-Zusammenhänge an, insbesondere wenn sie mit dem Ziel praxisorientierter Empfehlungen mit Blick auf die Optimierung von Entscheidungsprozessen formuliert werden.

Vor diesem Hintergrund werden in den folgenden Kapiteln 2 und 3 die methodologischen und mikrotheoretischen Grundlagen des Rational-Choice-Ansatzes dargestellt. Hierbei werden die zuvor skizzierten Grundannahmen und die zentralen Begriffe detailliert und ohne Rückgriff auf formale Vorkenntnisse erläutert. Auf dieser Grundlage folgt in Kapitel 4 ein Überblick über die Anwendungen und Anwendungsstrategien von Rational Choice in der sozialwissenschaftlichen Forschung. Darüber hinaus werden ausgewählte Anwendungsbeispiele vorgestellt. Kapitel 5 geht auf generelle Kritikpunkte an Rational Choice ein. Abschließend fasst Kapitel 6 die Grundidee einer Rational-Choice-Analyse sozialer Strukturen und Prozesse noch einmal kurz zusammen.

Die Idee zu diesem Buch geht auf eine Initiative von Catrin Yazdani zurück. Darüber hinaus wurden einzelne Kapitel in einem Seminar an der Johannes-Gutenberg-Universität Mainz diskutiert. Cornelia Frings hat die folgenden Kapitel redaktionell geprüft und inhaltlich kommentiert. Ihr und den Teilnehmern des Seminars sei an dieser Stelle sehr herzlich gedankt. Besondere Beiträge zu einzelnen Themenfeldern haben Kerstin Heydenreich, Johannes Marx und Catrin Yazdani geleistet. Ihre Mitarbeit ist an entsprechender Stelle vermerkt. Wertvolle Hinweise zu einzelnen Punkten haben die Herausgeber der Buchreihe sowie Judith Wilke-Primavesi vom Campus Verlag gegeben.

2 Methodologische Grundlagen[1]

> Untersuchungen sozialer Strukturen und Prozesse auf Basis von Rational Choice beruhen auf einem bestimmten Verständnis über die Regeln wissenschaftlichen Arbeitens, die im Rationalitätspostulat zusammengefasst sind. Darüber hinaus folgen sie dem modernen, empirisch-analytischen Wissenschaftsbegriff und beziehen sich auf den strukturell-individualistischen Ansatz zur Erklärung kollektiver Sachverhalte. Kennzeichen dieses Ansatzes ist das Vorgehen in drei Schritten: Die Logik der Situation stellt den Bezug zwischen sozialer Situation und dem Akteur her, die Logik der Selektion erklärt die individuelle Handlungswahl, und die Logik der Aggregation verknüpft die individuellen Handlungen mit dem eigentlich interessierenden kollektiven, sozialen Tatbestand. Dieses Grundmodell lässt sich je nach Problemstellung verfeinern. In der Logik der Selektion liegt in allen Fällen der (nomologische) Kern der Erklärung kollektiver Phänomene.

---

1 Dieses Kapitel wurde mit Catrin Yazdani verfasst.

2.1 Rationalitätspostulat

Wie entstehen soziale Phänomene? Warum beteiligen sich Menschen an bestimmten kollektiven Ereignissen und an anderen Ereignissen nicht? Warum handeln Menschen in verschiedenen sozialen Kontexten auf unterschiedliche Weise? Eine Möglichkeit der Analyse dieser und vieler weiterer Fragen bietet der Rational-Choice-Ansatz. Damit verbinden sich bestimmte Anforderungen an die wissenschaftliche Analyse. Aus der Praxis der Wissenschaft ergeben sich drei grundlegende Bedingungen, die im **Rationalitätspostulat** zusammengefasst sind.[2]

Die erste Bedingung zielt auf die sprachliche und logische Präzision. In wissenschaftlichen Untersuchungen sollen Begriffe eindeutig definiert sein. Damit wird das genaue Begriffsverständnis festgelegt und die gleichartige Begriffsverwendung garantiert. Auf dieser Grundlage sollen wissenschaftliche Aussagen zugleich logische Kriterien berücksichtigen. Damit sind vor allem die formalen Regeln angesprochen, mit denen von bestimmten Aussagen auf andere Aussagen geschlossen wird. Wissenschaftlich korrekte Schlussfolgerungen sind widerspruchsfrei und haben deduktiven Charakter. Deduktion bedeutet, dass aus allgemeinen Sätzen auf ein spezielles Phänomen geschlossen wird. Zum Beispiel folgt aus dem Allsatz »Alle Menschen verhalten sich rational« und dem speziellen Satz »A ist ein Mensch« der gültige Schluss »A verhält sich rational«. Ein umkehrter Schluss ist falsch. Aus der Tatsache, dass sich A rational verhält, lässt sich nicht schließen, dass sich alle Menschen rational verhalten.

Die zweite im Rationalitätspostulat enthaltene Bedingung beinhaltet die Forderung nach Intersubjektivität. Wissenschaft-

---

2 Stegmüller, Wolfgang (1973), *Probleme und Resultate der Wissenschaftstheorie und Analytischen Philosophie*, Band 4, 1. Halbband, Berlin/Heidelberg, S. 5f.

liche Aussagen müssen nachvollziehbar und kontrollierbar sein. Damit wird verlangt, dass die Resultate einer Untersuchung durch andere Wissenschaftler unter Einsatz der gleichen Methoden bestätigt werden können. Die dritte Bedingung erfasst den Aspekt der Begründbarkeit: Die Aussagen sollen durch Gründe oder Argumente belegbar sein, das heißt durch Sätze, die sprachlich präzise und logisch korrekt sind.

Über diese allgemeinen Kriterien wissenschaftlichen Arbeitens besteht in der wissenschaftlichen Gemeinschaft Einigkeit. Über weitere Regeln, die die konkrete wissenschaftliche Arbeit anleiten, gibt es keinen Konsens. Daher werden verschiedene Wissenschaftskonzepte vertreten. Rational-Choice-Analysen orientieren sich am empirisch-analytischen Ansatz.

2.2 Empirisch-analytischer Ansatz

Im **empirisch-analytischen Ansatz** finden nur solche Aussagen in wissenschaftlichen Analysen Verwendung, die empirischen oder analytischen Gehalt haben. Empirische Aussagen beziehen sich auf reale Sachverhalte und können anhand der Wirklichkeit überprüft werden. Die Aussage »Die Wahlbeteiligung betrug bei der letzten Bundestagswahl 79,1 Prozent (im Jahr 2002)« ist ein Beispiel für einen solchen empirischen Sachverhalt. Demgegenüber können analytische Aussagen nur mittels logischer Verfahren überprüft werden. Hier geht es um die Regeln des richtigen Schließens. Wissenschaftliche Aussagen beziehen sich im empirisch-analytischen Ansatz also auf die Realität oder die Logik, denn nur diese Aussagen können intersubjektiv überprüft werden – entweder an der Realität oder an den Regeln der Logik. Richtige empirische Aussagen werden als »wahr« bezeichnet (andernfalls als »falsch«), richtige analytische Aussagen als »gültig« (andernfalls als »widersprüchlich«). Weil wahre empirische Aussagen mit der Realität korrespondieren, wird diese Auffassung auch als »Korrespondenztheorie der Wahrheit« beschrieben. Im Bereich der analytischen Aussagen spricht man von der »Kohärenztheorie der Wahrheit«. Weitere intersubjektive Prüfinstanzen gibt es nach empirisch-analytischer Auffassung nicht; anderen Aussagen kann deshalb kein Wahrheitswert zugeordnet werden.[3]

Diese Beschränkung betrifft insbesondere normative Aussagen, die Werturteile zum Ausdruck bringen, also Vorstellungen davon, wie etwas sein soll. Diese Aussagen sind nach empirisch-analytischer Auffassung wissenschaftlich nicht begründbar. Es lässt sich lediglich zeigen, dass Menschen an bestimmte Normen und Werte glauben oder sie für richtig halten. Daraus folgt aber keine Antwort auf die Frage, wie etwas sein soll. Empirisch ist das, was sein soll, nicht vorhanden und aus dem, was ist, ergibt sich logisch nicht zwingend, dass etwas Bestimmtes sein soll. Die in diesem Zusammenhang immer wieder geäußerte Ansicht, dass man Wissenschaft gar nicht wertfrei betreiben könne, da jede Forschung auf bestimmten Wertvorstellungen der Wissenschaftler beruhe, ist hier nicht von Bedeutung. Die Forderung nach **Wertfreiheit** der wissenschaftlichen Analyse bezieht sich lediglich auf den so genannten »Begründungszusammenhang«. Der »Entstehungszusammenhang« der Beschäftigung mit wissenschaftlichen Problemen und der »Verwertungszusammenhang« der erzielten Ergebnisse ist unbestritten eine Frage persönlicher Vorlieben, moralischer Überzeugungen oder gesellschaftlicher Vorgaben.

Von größerer Bedeutung als das Werturteilsproblem erscheint das Problem, dass es keinen direkten Zugang zur Realität gibt,

---

3 Vgl. Opp 2002; Stegmüller, Wolfgang (1983 [zuerst 1969]), *Probleme und Resultate der Wissenschaftstheorie und Analytischen Philosophie, Band 1*, Berlin/Heidelberg/New York, 2. erw. und überarb. Aufl.

sondern sich dieser Zugang nur über die Sprache ergibt. Insofern können empirische Aussagen nicht unmittelbar an der Realität überprüft werden, sondern immer nur an Aussagen über die Realität. Aber es ist auch aus dieser Perspektive kein Widerspruch, die Konsistenz der Aussagen hinsichtlich der empirischen Daten und ihrer internen Stimmigkeit zu prüfen. Sobald die Begriffe bestimmt sind, ist es möglich, ihre Aussagekraft mittels Messungen und Beobachtungen zu überprüfen. Es ist lediglich zu berücksichtigen, dass man nicht nur auf einen einzigen konzeptionellen Entwurf festgelegt ist. Wenn man aber einen bestimmten begrifflichen und theoretischen Rahmen gewählt hat, kommt es darauf an, ob die in diesem Rahmen vertretenen Annahmen empirisch zutreffend und logisch gültig sind.

2.3 Deduktiv-nomologische Erklärung

Rational Choice als empirisch-analytische Wissenschaft will die Realität beschreiben, erklären, zukünftige Zustände prognostizieren und Szenarien sozialer, ökonomischer und politischer Prozesse entwickeln. Die zentrale Rolle spielt hierbei der Erklärungsbegriff, denn in der Regel möchte man sich nicht nur mit Beschreibungen und Simulationen gesellschaftlicher Zustände begnügen, sondern auch etwas über ihre Ursachen in Form von Kausalzusammenhängen wissen. Eine **Erklärung** ist eine allgemeine Antwort auf die Frage nach dem »Warum«, sie gibt Ursachen und Bedingungen für bestimmte Ereignisse an. Auf dieser Grundlage kann man Phänomene auch vorhersagen.

Das Standardschema für Erklärungen geht auf Carl G. Hempel und Paul Oppenheim zurück.[4] Es beruht auf dem Prinzip

---

4 Hempel, Carl G./Oppenheim, Paul (1948), »Studies in the Logic of Explanation«, in: *Philosophy of Science*, 15. Jg., S. 135–175.

der **deduktiv-nomologischen Erklärung**. »Deduktiv« bezeichnet, wie zuvor beschrieben, den logischen Schluss von einem allgemeinen auf einen speziellen Sachverhalt. Das Wort »nomologisch« weist darauf hin, dass diese Art von Erklärung auf einem allgemeinen **Gesetz** beruht. Ein Gesetz oder eine Theorie hat die Form einer allgemeinen Wenn-dann- oder Je-desto-Aussage. Sie gibt an, was der Fall sein muss, damit eine bestimmte Folge eintritt. In der Wenn- beziehungsweise Je-Kompenente steht(en) die unabhängige(n) Variable(n); die Dann- beziehungsweise Desto-Komponente enthält die abhängige Variable. In der Regel spricht man von einer »Hypothese«, wenn sich das Gesetz empirisch noch nicht bewährt hat und der Zusammenhang zwischen Ursache und Wirkung lediglich auf Vermutungen beruht.

Nach Hempel und Oppenheim besteht eine Erklärung aus dem zu erklärenden Ereignis (»Explanandum«) und den Faktoren, die das Ereignis erklären (»Explanans«). Das **Explanans** besteht aus zwei Komponenten: Aus den allgemeinen Gesetzmäßigkeiten und den so genannten »Antecedens-«, »Anfangs-« oder »Randbedingungen«. Sie füllen die in der Wenn- oder Je-Komponente des Gesetzes enthaltenen Bedingungen für den konkreten Fall empirisch aus. Die Erklärung des **Explanandums** ist dann erfolgt, wenn ein Gesetz vorliegt, aus dem sich das Explanandum als logische Folge der Randbedingungen ergibt und wenn sich für den konkreten Fall nachweisen lässt, dass die im Gesetz für das Explanandum geforderten Randbedingungen auch empirisch gegeben sind. Abbildung 2-1 verdeutlich das Prinzip der deduktiv-nomologischen Erklärung.

Abbildung 2-1: Aufbau der deduktiv-nomologischen Erklärung

G	Gesetzesaussage	
A	Antecedensbedingungen	Explanans
E	zu erklärendes Ereignis	Explanandum

Beispiel:

G Für alle demokratisch regierten Kollektive gilt: je größer die einer Partei von den Wählern zugeschriebene Kompetenz zur Lösung der wichtigsten gesellschaftlichen Probleme, desto höher ist ihr Stimmenanteil bei politischen Wahlen.

A Partei A war zum Zeitpunkt t1 nach Ansicht der Wähler besser als Partei B geeignet, die wichtigsten Probleme in Stadt X zu lösen.

E Partei A erhielt bei der Gemeinderatswahl in Stadt X zum Zeitpunkt t1 einen höheren Stimmenanteil als Partei B.

Im vorliegenden Beispiel, das lediglich das Prinzip der Erklärung illustrieren soll, wird eine Antwort auf die Frage gesucht, warum Partei A einen höheren Stimmenanteil als Partei B bei der Gemeinderatswahl in Stadt X zum Zeitpunkt t1 erhalten hat. Eine Antwort enthält die Gesetzesaussage, nach der die Wahlenscheidungen auf die jeweiligen Themenorientierungen zurückzuführen sind, worunter man die Einschätzung der Wichtigkeit bestimmter politischer Sachfragen und die den Parteien zugeschriebene Kompetenz zur Lösung dieser Probleme versteht. In der Antecedensbedingung sind die Kompetenzzuschreibungen für Partei A und B enthalten. Aus diesem singulären Satz und der allgemeinen Gesetzesaussage folgt logisch das Explanandum.

Für eine wissenschaftliche Erklärung nach diesem Muster gelten folgende Bedingungen: (1) Das Explanandum wird logisch korrekt aus dem Explanans abgeleitet. (2) Das Explanans enthält mindestens ein allgemeines Gesetz. (3) Das Explanans besitzt empirischen Gehalt, das heißt, Gesetz und Antecedensbedingung sind empirisch prüfbar. (4) Die Sätze des Explanans und des Explanandums sind empirisch bewährt. Von der deduktiv-nomologischen Erklärung ist die statistische Erklärung zu unterscheiden. Hier kann nicht mehr mit Sicherheit vom Explanans auf das Explanandum geschlossen werden, sondern nur noch mit einer bestimmten Wahrscheinlichkeit.

2.4 Strukturell-individualistischer Ansatz

Bei der Erklärung und Vorhersage sozialer Phänomene spielt in Rational-Choice-Analysen der **strukturell-individualistische Ansatz** eine wichtige Rolle. Kollektive Explananda stehen im Mittelpunkt sozialwissenschaftlicher Untersuchungen auf Basis von Rational Choice. Diese Explananda bilden die **Makroebene**. Beispiele sind der Stimmenanteil von Parteien bei Wahlen, die gesamtwirtschaftliche Entwicklung, die Umweltverschmutzung oder die Arbeitslosenquote: Warum ist gerade dieses Wahlergebnis entstanden, welche Bedingungen führen zu einer günstigen wirtschaftlichen Entwicklung, warum sind bestimmte Maßnahmen für den Umweltschutz oder die Senkung der Arbeitslosenquote wirkungsvoll und andere nicht?

Antworten auf diese Fragen werden im strukturell-individualistischen Ansatz mit Bezug auf die individuelle Ebene gegeben. Die kollektiven Explananda werden auf die Wirkungen des Handelns der Akteure auf der **Mikroebene** zurückgeführt. Auf diese Weise macht der strukturell-individualistische Ansatz explizit, was im vorhergehenden Beispiel in Abbildung 2-1 und den meisten sozialwissenschaftlichen Analysen implizit vertreten wird: Kollektive Phänomene sind das Resultat individueller Handlungen. Die einzelnen Akteure sind selbst wiederum in soziale Zusammenhänge eingebunden, das heißt, die individuellen Handlungen finden im Rahmen sozialer Strukturen statt und werden durch diese beeinflusst. Zur Erklärung dieser Handlungen ist also wieder ein Rückgriff auf die Makroebene notwendig.

Diese Wechselwirkungen zwischen Struktur und Individuum lassen sich nach James S. Coleman (1995, Bd. 1) als ein **Mehrebenenzusammenhang** darstellen (vgl. Abbildung 2-2). Das Schema stellt anschaulich dar, dass Makrostrukturen einerseits wichtige Bedingungen für soziales Handeln sind; andererseits ergeben sie sich aus den Wirkungen des Handelns der Akteure. In dieser Perspektive sind Beziehungen auf der Makroebene grundsätzlich unter Rückgriff auf die individuelle Ebene zu erklären. Solche Makrozusammenhänge stehen typischerweise im Mittelpunkt sozialwissenschaftlicher Analysen. Beispiele sind der Zusammenhang zwischen gesellschaftlichen Konfliktstrukturen und der Ausprägung des Parteiensystems, der Zusammenhang zwischen der Organisation von Interessengruppen und der gesamtwirtschaftlichen Entwicklung, der Zusammenhang zwischen den Regelungen des Steuerrechts und der Umweltverschmutzung oder der Zusammenhang zwischen der institutionellen Ausgestaltung des Sozialsystems und der Arbeitslosenquote. Der jeweilige Makrozusammenhang wird hier aber ausschließlich als ein Effekt des Handelns auf der Mikroebene interpretiert und erklärt. Eigenständige Gesetzmäßigkeiten auf der überindividuellen Ebene werden vor dem Hintergrund der gegenwärtigen Kenntnisstandes ausgeschlossen. Diese Perspektive wird auch als »**methodologischer Individualismus**« bezeichnet (vgl. Kapitel 1). Sie ist grundlegend für Rational Choice, findet sich in Grundzügen implizit aber auch in anderen Theorien, so zum Beispiel in der Theorie der Strukturierung (Anthony Giddens), im Neofunktionalismus (Jeffrey C. Alexander), in der Synergetik (Hermann Haken) oder in der Unterscheidung von System und Lebenswelt (Jürgen Habermas).

Die Darstellung in Abbildung 2-2 macht deutlich, dass eine vertiefende sozialwissenschaftliche Erklärung auf Grundlage des methodologischen Individualismus eine Reihe besonderer Schritte enthält (vgl. hierzu Esser 1996, S. 94 ff. sowie Lindenberg 1977; Opp 1979; Raub/Voss 1981, S. 88 ff.):

- die Rekonstruktion der situativen Bedingungen und ihre Wahrnehmung und Interpretation durch die Akteure,
- die daran anschließende Erklärung des Handelns der Akteure und
- die daran wiederum anknüpfende Aggregation der Wirkungen dieses Handelns zu dem kollektiven Explanandum.

Abbildung 2-2: Strukturell-individualistisches Analyseschema

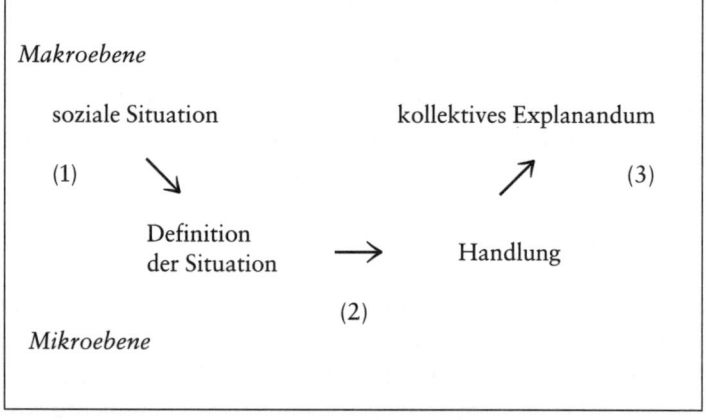

Aus diesen Schritten ergeben sich drei Verknüpfungsprobleme zwischen der Makro- und Mikroebene. (1) Das Problem der Makro-Mikro-Verknüpfung: Wie ist der Bezug zwischen den situativen Bedingungen und den Akteuren herzustellen? Diese Frage führt zur **Logik der Situation.** Allgemein wird hier festgelegt, welche Aspekte der Handlungssituation für die Akteure relevant sind: Welche Handlungsbeschränkungen bestehen aus Sicht der Akteure? Wie stellen sich die verfügbaren Ressourcen, die institutionellen Regeln oder das soziale Umfeld dar? Welche Handlungsmöglichkeiten stehen zur Verfügung? Die Gesamtheit der Handlungsbedingungen kennzeichnet die Situation, die von den Akteuren gedeutet und interpretiert wird und die sie ihrem Handeln zugrunde legen. Die Verbindung zwischen den auf der Makroebene bedeutsamen Handlungsbedingungen und der Mikroebene erfolgt über **Brückenannahmen**. Sie geben an, welchen Einfluss die für einen Erklärungszusammenhang relevanten sozialen Phänomene auf die Akteure ausüben und wie sich die »objektiven« Gegebenheiten in die Variablen der Mikroebene übersetzen lassen. Da es sich bei diesen Variablen um die allgemeinen Bestimmungsfaktoren der individuellen Handlungen handelt, kann man auch sagen, dass Brückenannahmen die sozialen Handlungsbedingungen mit den Bestimmungsfaktoren der Handlungen auf der Mikroebene verbinden.

(2) Das Problem der Mikro-Mikro-Verknüpfung: Wie führen die Wahrnehmungen, Kognitionen, Bewertungen oder andere individuelle Variablen zu den Handlungen der Akteure? Dies ist die Frage nach der **Logik der Selektion**. Die Antwort ergibt sich aus einer allgemeinen Gesetzmäßigkeit des Handelns, die den Akteur und seine Definition der Situation mit der ausgeführten Handlung, die hier immer auf einer Auswahl von Alternativen beruht, verbindet. In Rational-Choice-Analysen ergibt sich die gesuchte Mikrotheorie aus dem Gesetz der Nutzenmaximierung, wobei dieses Gesetz natürlich nur eine Möglichkeit der Erklärung sozialen Handelns darstellt (vgl. Kapitel 3). Allerdings ist die Entscheidung für eine bestimmte Handlungstheorie im Rahmen der strukturell-individualistischen Erklärung kollektiver Tatbestände von zentraler Bedeutung. Erst auf Basis einer solchen Handlungstheorie kann überhaupt bestimmt werden, welche Merkmale der Situation als hand-

lungsrelevant auszuzeichnen sind. Wenn beispielsweise lediglich über Sozialisationsprozesse vermittelte Normen als ausschlaggebend für bestimmte Handlungen angesehen werden, wird man die Logik der Situation daraufhin analysieren, welche Normen in dieser Situation bedeutsame Handlungsbedingungen für die Akteure darstellen. Wenn aber auch persönliche Interessen und das individuelle Anliegen, die Handlungsergebnisse zu optimieren, als erklärungsrelevant angesehen werden, wird man die Situation zusätzlich dahingehend untersuchen, welche Möglichkeiten sie bietet, diese Interessen bestmöglich zu verwirklichen.

(3) Das Problem der Mikro-Makro-Verknüpfung: Wie sind die individuellen Handlungen mit dem kollektiven Explanandum zu verknüpfen? Damit ist die Frage nach der **Logik der Aggregation** gestellt. Die Antwort liegt in der Formulierung von »**Transformationsregeln**«, die angeben, »wann und wie bestimmte individuelle Handlungen einen bestimmten kollektiven Effekt herstellen« (Lindenberg 1977, S. 51). Die Berechnung des Stimmenverhältnisses einer Partei bei Bundestagswahlen aus den individuellen Wahlentscheidungen ist ein einfacher, aber typischer Fall für eine mathematisch-statistische Transformationsregel. Von Bedeutung ist, dass sich die kollektiven Phänomene keinesfalls als das Ergebnis intendierter Absichten der individuellen Akteure darstellen müssen. Wenn sich beispielsweise jeder Arbeitnehmer in einer Großstadt morgens um sieben Uhr auf den Weg zur Arbeit macht, wird sich in der Aggregation dieser einzelnen Handlungen ein Stau ergeben, der natürlich von niemandem gewollt war. Als Transformationsregel kann hier zum Beispiel eine partielle Definition dienen, nach der ein Stau dann vorliegt, wenn mehr als zwanzig Fahrzeuge weniger als zwei Meter in zehn Minuten zurücklegen. Eine partielle Definition legt also fest, welche empirischen Bedingungen gegeben sein müssen, damit ein bestimmtes kollektives Ereignis vorliegt. Partiell ist die Definition deshalb,

weil auch andere Definitionen des Sachverhalts denkbar sind. Von partiellen Definitionen als Transformationsregeln und mathematisch-statistischen Transformationsregeln lässt sich noch die Aggregation nach institutionellen Regeln unterscheiden (vgl. Esser 1996, S. 121). Eine solche Aggregation liegt zum Beispiel einer für ein Kollektiv verbindlichen Entscheidung zugrunde, die durch die institutionelle Regel des Mehrheitsvotums aus den individuellen Entscheidungen aggregiert wurde.

Ein einfaches Beispiel soll die Makro-Mikro-Zusammenhänge noch einmal verdeutlichen. Ausgangspunkt sei der (hypothetische) Fall, dass sich in Deutschland nach der gesetzlichen Einführung von umfassenden Studiengebühren (sozialer Tatbestand 1) die Zahl der Studierenden deutlich verringert hat (sozialer Tatbestand 2). Alle anderen Bedingungen sind gleich geblieben, insbesondere gibt es auch keine zusätzlichen Förder- und Stipendienprogramme. Der vermutete Makro-Zusammenhang zwischen den sozialen Tatbeständen 1 und 2 lässt sich strukturell-individualistisch wie folgt begründen und untersuchen: Die Zahl der Studierenden ergibt sich aus der einfachen Aggregation individueller Entscheidungen für ein Studium (und ihre Veränderung aus der entsprechenden Differenz). Für eine Erklärung dieser individuellen Handlungen benötigt man eine allgemeine Handlungstheorie, zum Beispiel die Rational-Choice-Theorie, nach der die Menschen ihren Nutzen maximieren. In diesem Fall geht es um den Nutzen, den man sich von der Aufnahme eines Studiums erwartet. Um das Beispiel möglichst einfach zu halten, unterstellen wir, dass es im Rahmen der Definition der Situation ausschließlich um den ökonomischen Nutzen geht. Die zentrale Frage lautet nun, als Folge welcher Veränderung in den Handlungsbedingungen sich bei einer Vielzahl von Personen der ökonomische Nutzen eines Studiums so reduziert hat, dass sie sich nicht für ein Studium entscheiden (sondern für alternative Ausbildungs- und Karrierewege). Die

Handlungstheorie steuert also die Suche nach den Elementen, die in der Handlungssituation für das Handeln der Akteure von Bedeutung sind. Die entsprechende Brückenannahme lässt sich im Beispiel direkt ableiten: Die Einführung von Studiengebühren verringert unter sonst gleichen Bedingungen den ökonomischen Nutzen eines Studiums für viele Akteure auf eine Weise, dass für sie ein Studium unattraktiv wird. Die teuren Studiengebühren sind jedes Semester zu entrichten oder als Darlehen später zurückzuzahlen. Weil die Akteure nach den Annahmen von Rational Choice grundsätzlich ihren Nutzen maximieren, kann man die Analyse auch als eine Analyse der Handlungsfolgen in Abhängigkeit veränderter Handlungsbedingungen charakterisieren.

Dieser Zusammenhang lässt sich natürlich auch einfacher darstellen. Der Vorteil dieser Vorgehensweise liegt aber in der Offenlegung der einzelnen Erklärungsschritte, die in einer einfacheren Darstellung lediglich implizit enthalten sind. Damit wird die Erklärung intersubjektiv nachvollziehbar und kritisierbar, wobei die Kritik differenziert ansetzen kann: Ist die Brückenannahme korrekt? Ist das verwendete Handlungsgesetz empirisch bewährt? Wie ist die Logik der Aggregation zu beurteilen? Dabei kann der einfache Makro-Mikro-Makro-Zusammenhang je nach Erklärungsanspruch und -komplexität ausgebaut werden. Möglich sind zum Beispiel mehrstufige Prozessanalysen, in denen die kollektiven Explananda als Handlungsfolgen zum Zeitpunkt t1 in einem weiteren Erklärungsschritt als Handlungsbedingungen auf die Akteure zum Zeitpunkt t2 wirken. Ebenso lassen sich bei Bedarf weitere Zwischenebenen einführen, die dann als »Mesoebene« bezeichnet werden. Diese Ebene umfasst soziale Gebilde, die sich zwischen dem Individuum und der übergeordneten Makroebene der Gesellschaft befinden und einen eigenständigen Wirkungszusammenhang konstituieren (zum Beispiel Gemeinschaften oder Organisationen). Aus Sicht der

Mikroebene geht es aber auch auf der Mesoebene immer um Makrophänomene.[5]

Aus dem genannten Beispiel und den vorherigen Überlegungen ergibt sich, dass die Logik der Selektion den (nomologischen) Kern der strukturell-individualistischen Erklärung kollektiver Phänomene darstellt. Auf dieser Ebene werden die allgemeinen Gesetzmäßigkeiten gesucht, die die je nach Erklärungszusammenhang variierenden Handlungsbedingungen mit den Handlungsfolgen in Verbindung bringen. Gesucht ist dabei eine Handlungstheorie, die auf möglichst viele Situationen anwendbar ist. Dies ist bei Rational Choice aus Sicht der meisten Vertreter dieses Ansatzes der Fall. Demnach sind die zentralen Annahmen über die Akteure und die kausalen Beziehungen zwischen den unabhängigen und abhängigen Variablen eindeutig und allgemein formuliert. Nimmt man zu den Kriterien der Kausalität, Präzision und Allgemeinheit noch die Eigenschaften der Anwendbarkeit und empirischen Bewährung hinzu, kann dieser Ansatz als eines der zur Zeit bedeutendsten Konzepte zur Erklärung sozialen Handelns bezeichnet werden.[6] Darüber hinaus finden sich Hinweise, dass Sozialwissenschaftler, die sich bei der Analyse sozialer Phänomene an anderen Theorien orientieren, oft implizit Annahmen vertreten, die mit dem Rational Choice-Ansatz korrespondieren (vgl. Opp 1983; Kunz 1997, S.84ff.). Kapitel 3 geht ausführlich auf die zentralen Grundannahmen von Rational Choice als Handlungstheorie ein.

---

5 Zu weiteren Varianten der Grundstruktur der strukturell-individualistischen Analyse vgl. Opp, Karl-Dieter (1992), »Micro-Macro Transitions in Rational Choice-Explanantions«, in: *Analyse und Kritik*, 14. Jg., S. 143–151.
6 Vgl. Esser (1999), Bd. 1, S. 241 ff.; Hennen/Kunz (2002); Opp, Karl-Dieter/Wippler, Reinhard (Hg.) (1990), *Empirischer Theorienvergleich. Erklärungen sozialen Verhaltens in Problemsituationen*, Opladen.

3 Handlungstheorie und Spieltheorie

Rational Choice basiert auf dem Prinzip des methodologischen Individualismus, nach dem die Analyse und Erklärung kollektiver Phänomene durch Annahmen über das Handeln von Akteuren in bestimmten sozialen Situationen erfolgt. Hierbei wird zwischen verschiedenen Annahmen unterschieden, die einerseits das allgemeine Grundkonzept von Rational Choice repräsentieren und andererseits bestimmte inhaltliche Vorgaben enthalten. Grundlegend ist das Prinzip der Nutzenmaximierung, nach dem Akteure so handeln, dass sie ihre Ziele unter Berücksichtigung der Handlungsbeschränkungen in höchstem Maße realisieren. Diese Annahme wird auch als »Rationalität des Handelns« bezeichnet. Wenn die Ergebnisse des Handelns unsicher sind, spricht man vom »subjektiv erwarteten Nutzen«. Die Anwendung von Rational Choice auf Situationen strategischer Interdependenz, in denen die Handlungen eines Akteurs direkte Rückwirkungen auf die Entscheidungen der anderen beteiligten Akteure haben, hat zu einem eigenen wissenschaftlichen Zweig geführt, der Spieltheorie.

3.1 Nutzenmaximierung

Die wissenschaftliche Heimat von Rational Choice lag lange Zeit ausschließlich in den Wirtschaftswissenschaften. Aufgrund seiner allgemeinen Anwendbarkeit gewinnt der Ansatz aber zunehmend auch in anderen Disziplinen an Popularität. Allerdings haben schon die Klassiker der Nationalökonomie und schottischen Moralphilosophie im 18. Jahrhundert gezeigt, dass sich das Nutzenkalkül auf die unterschiedlichsten Bereiche des Handelns anwenden lässt (vgl. Kapitel 1). In der Folge sind insbesondere die Formulierungen des Maximierungsprinzips von Jeremy Bentham (1748–1832) bekannt geworden, der das Nutzenkalkül in seiner 1789 veröffentlichten Schrift *An Introduction to the Principles of Morals and Legislation* in Form einer Lust-Unlust-Skalierung beschrieben hat: »Nature has placed mankind under the governance of two sovereign masters, *pain* and *pleasure*. It is for them alone to point out what we ought to do, as well as to determine what we shall do ... They govern us in all we do, in all we say, in all we think: every effort we can make to throw off our subjection, will serve but to demonstrate and confirm it« (Ausgabe 1970, S. 11, Hervorhebungen im Original).

»Pain and pleasure«, frei übersetzt »Lust und Unlust«, regieren jegliches Handeln und Denken. Lust erfährt der Mensch aus der Befriedigung seiner Bedürfnisse. Alle Objekte, die geeignet sind zur Bedürfnisbefriedigung beizutragen, nennt man in ökonomischer Perspektive auch Güter, das heißt, Güter stiften einen bestimmten **Nutzen**. Dabei ist der Begriff des Gutes nicht nur im materiellen Sinn zu verstehen. Auch die saubere Umwelt, die man zum Leben braucht, oder die öffentliche Sicherheit, für die Polizei und Rechtsprechung garantieren, stellen Güter dar. Der Begriff des Nutzens ist daher nicht auf bestimmte Sachverhalte festgelegt, weshalb die Nutzenkalkulation nicht nur dem Bereich der Wirtschaft zuzurechnen, sondern als eine generelle Grunddisposition des Handelns zu betrachten ist, die unter den Bedingungen der Knappheit wirksam ist. Damit ist ein allgemeines Erklärungsschema des Handelns gekennzeichnet, das auch als »utilitaristisches Prinzip« ausgewiesen ist (vgl. Hennen /Kunz 2002).

Knappheit ist definiert als die Differenz zwischen Bedürfnissen und den Möglichkeiten ihrer Befriedigung. Sie kennzeichnet jedes Handeln. Es ist nicht möglich, die Gesamtheit der Bedürfnisse vollständig zu befriedigen. Schon Bernhard Mandeville (1670–1733) verwies darauf, »daß die soziale Natur des Menschen lediglich auf eben diesen beiden Faktoren beruht: der großen Zahl seiner Bedürfnisse und den fortwährenden Hindernissen, die sich ihrer Befriedigung entgegenstellen« (Ausgabe 1980, S. 374). Jede Person steht bei der Suche nach geeigneten Befriedigungsmitteln in Konkurrenz zu anderen Personen, jede Bedürfnisbefriedigung geht immer auch mit Kosten des Verzichts auf andere Arten der Bedürfnisbefriedigung einher, und Befriedigungsmittel sind begrenzt. Die elementarste Einschränkung für alle Handelnden ist der Faktor Zeit, weil dieser grundsätzlich knapp ist. Auch das verfügbare Einkommen beschränkt in vielen Fällen die Befriedigung der Bedürfnisse.

Die Bedingungen universeller Knappheit veranlassen die Akteure, ihre begrenzten Mittel im Hinblick auf die unterschiedlichen Möglichkeiten der Bedürfnisbefriedigung beziehungsweise Nutzenstiftung miteinander zu vergleichen und zu bewerten. Die Ergebnisse dieser Beurteilung sind handlungsleitend. Handeln beinhaltet damit die Allokation, also die Verwendung und Aufteilung, knapper Mittel auf konkurrierende Ziele. Handlungen werden deshalb als Wahlen konzipiert. Es ist daher angemessen, wenn diese Darstellung von Handlungswahlen im Kontext von Rational Choice als »Logik der Selektion« bezeichnet wird. Knappheit und Wahlzwang kennzeichnen jede Handlungssituation, weshalb man auch davon spricht, dass Handeln unter den Bedingungen von Handlungsbeschränkungen beziehungsweise **Restriktionen** stattfindet. Diese grundlegende Annahme der rationalen Wahl hält also fest, wie Akteure entscheiden und handeln, wenn sie bestimmte Ziele haben und sie diese nur in eingeschränktem Maße verwirklichen können. »**Nutzenmaximierung**«, »**Rationalität des Handelns**« und »**Rational Choice**« sind synonyme Bezeichnungen für diese Annahme, die auch in motivations- und sozialpsychologischen Ansätzen und in der soziologischen Austauschtheorie vertreten wird.[1]

3.2 Kern- und Zusatzannahmen

Die Nutzentheorie ist eine allgemeine Theorie (der Wahlhandlungen), die auf einfachen Überlegungen beruht. Allerdings wird sie auch in anderen Varianten vertreten, die durch besondere Annahmen gekennzeichnet sind. Der Status dieser Annahmen ist nicht immer klar definiert, was zu vielen Missverständnissen und Diskussionen über verschiedene Varianten von Rational Choice geführt hat. Es ist daher vorgeschlagen worden, zwischen verschiedenen Arten von Annahmen zu unterscheiden.[2] Die methodologischen und theoretischen Kernan-

---

1 Vgl. z.B. Feather, Norman T. (Hg.) (1982), *Expectations and Actions: Expectancy-Value Models in Psychology*, Hillsdale, NJ; Heath, Anthony (1976), *Rational Choice and Social Exchange*, Cambridge u.a.
2 Vgl. Opp (1991), (1999) sowie Diekmann, Andreas (1996), »Homo ÖKOnomicus. Anwendungen und Probleme der Theorie rationalen Handelns«, in: Diekmann, Andreas/Jaeger, Carlo C. (Hg.), *Umweltsoziologie*, Opladen, S. 89–118; Kunz (1997), S. 88 ff.; Lüdemann, Christian (1997), *Rationalität und Umweltverhalten*, Wiesbaden, S. 10 ff.

nahmen sind unumstritten und definieren den »harten Kern« von Rational Choice.[3] Die Zusatzannahmen sind umstritten und erweitern die allgemeine Theorie um bestimmte inhaltliche Annahmen.

Zu den *Kernannahmen* von Rational Choice gehören das Prinzip des methodologischen Individualismus sowie drei zentrale theoretische Annahmen über die Mikroebene. Sie ergeben sich aus den bisherigen Überlegungen: Die erste Annahme beinhaltet, dass Handeln motiviert beziehungsweise zielgerichtet ist, also durch Bedürfnisse oder – hier gleichbedeutend – durch Präferenzen, Wünsche oder Motive verursacht wird. Die zweite Annahme geht davon aus, dass Handlungsrestriktionen, die den Akteuren auferlegt sind, Bedingungen für ihr Handeln darstellen (»constraints«). Die dritte Annahme entspricht dem Prinzip der Nutzenmaximierung, nach dem Akteure solche Handlungen ausführen, die unter Berücksichtigung der erwähnten Handlungsrestriktionen ihre Ziele in höchstem Maße realisieren (»choices«).

Jeder Akteur verfolgt nach diesen Vorstellungen mit seinen Handlungen bestimmte Ziele. Auf die Entstehung und Veränderung der Ziele wird im Rahmen von Rational-Choice-Analysen meist nicht näher eingegangen, was nicht heißt, dass eine Betrachtung in diesem Rahmen nicht möglich ist. Inwieweit sich die Ziele realisieren lassen, hängt von den Handlungsbeschränkungen oder – in Umkehrung des Zusammenhangs – von den Handlungsmöglichkeiten in einer Situation ab. Hier können neben den erwähnten und in ökonomischen Analysen traditionell betrachteten Faktoren Zeit und Einkommen sehr verschiedene Sachverhalte von Bedeutung sein, zum Beispiel

---

3 Lakatos, Imre (1970), »Falsification and the Methodology of Scientific Research Programmes«, in: Lakatos, Imre/Musgrave, Alan (Hg.), *Criticism and the Growth of Knowledge*, Cambridge, S. 91–196.

können persönliche Fähigkeiten, der verfügbare Wissensstand, aber auch internalisierte Normen oder soziale und institutionelle Faktoren, wie soziale Netzwerke, Macht- und Herrschaftsverhältnisse oder Gesetze, die Realisierung der Ziele beschränken oder erleichtern. Handlungsbeschränkungen und Handlungsmöglichkeiten setzen insofern **Anreize** für bestimmte Handlungen. Positiv bewertete Anreize sind mit positivem Nutzen, negativ bewertete Anreize mit negativem Nutzen für den Handelnden verbunden. Wenn man von den »**Kosten des Handelns**« spricht, ist der negative Nutzen gemeint; Nutzen bezeichnet dann immer den »positiven Nutzen«. Die Gesamtheit der Anreizstruktur, wie sie ein Akteur wahrnimmt, definiert die Logik der Situation, in der er sich befindet. Dabei ist er darum bemüht, das Beste aus seiner Situation zu machen, das heißt, er folgt den Anreizen der Situation.

Für die Allgemeingültigkeit dieser Überlegungen spricht, dass es keine Entscheidung für eine Handlung ohne Kosten gibt, weil jede Entscheidung für eine Handlungsalternative immer auch eine Entscheidung gegen eine andere, ebenfalls präferierte Alternative darstellt. Da man bei der Ausführung einer Handlung generell auf den Nutzen verzichtet, den man durch eine alternative Handlung erreichen könnte, spricht man in diesem Zusammenhang auch von den »**Alternativ-**« oder »**Opportunitätskosten**« einer Handlung. Sie sind definiert als der entgangene Nutzen aus der nächstbesten, nicht gewählten Handlungsalternative.

Bei der Maximierungsannahme handelt es sich um eine Allaussage, weil sie sich auf alle Menschen in jedem Raum-Zeit-Gebiet bezieht. Entscheidend ist das Zusammenwirken der genannten Sachverhalte bei der Erklärung einer Handlung: Die Erklärung nimmt Bezug auf die Ziele des Handelnden *und* die Restriktionen, die aus seiner Sicht von Bedeutung sind, *und* eine Entscheidungsregel, nach der jeder Akteur in einer Weise handelt, die den höchsten Zielerreichungsgrad gemäß seinen

Überzeugungen über den »Zustand der Welt« verspricht. Rationalität bezieht sich damit lediglich auf die Fähigkeit der Akteure, zwischen besser und schlechter zu unterscheiden und sich widerspruchsfrei danach zu verhalten. Die Akteure müssen wissen, dass sie einen Sachverhalt gegenüber einem anderen Sachverhalt vorziehen oder gegenüber beiden indifferent sind. Diese Rationalitätsprämisse wird auch als »**Konsistenzbedingung**« bezeichnet. Darüber hinaus impliziert Rationalität die »**Transitivitätsbedingung**«, das heißt, wenn Sachverhalt A gegenüber Sachverhalt B vorgezogen wird und Sachverhalt B gegenüber Sachverhalt C, dann muss auch Sachverhalt A gegenüber Sachverhalt C vorgezogen werden (zwischen den Begriffen »Handeln« und »Verhalten« wird in diesem Buch nicht unterschieden).

Siegwart Lindenberg (1985) hat die allgemeinen Rational-Choice-Annahmen im Anschluss an das »REMM-Modell« von William Meckling (1976) unter der Bezeichnung »RREEMM« zusammengefasst. In beiden Fällen wird der ansonsten als selbstverständlich mitgedachte Faktor der menschlichen Lernfähigkeit und Kreativität ausdrücklich mitgenannt: Menschen sind »*r*estricted men«, weil sie die einschränkenden Bedingungen der konkreten Handlungssituation berücksichtigen müssen. Sie sind aber nicht ein für allemal darauf festgelegt; als »*r*esourceful men« erweitern sie ihr Wissen durch Such- und Lernprozesse, wenn es für sie vorteilhaft erscheint. Menschen sind zugleich »*e*xpecting men«, weil sie konsistente Erwartungen hinsichtlich der Möglichkeiten zur Erreichung ihrer Ziele haben, und sie sind »*e*valuating men«, weil sie die relevanten Zustände und Ereignisse bewerten und die alternativen Möglichkeiten abwägen. Aus den beschränkten Möglichkeiten wollen sie als »*m*aximizing *m*en« schließlich noch das Beste machen, also mit möglichst geringem Aufwand ihre Ziele erreichen (bzw. das Verhältnis von Zielerreichung und Mitteleinsatz maximieren).

Von den Kernannahmen lassen sich die *Zusatzannahmen* unterscheiden, die sich aus unterschiedlichen Gründen in zahlreichen Rational-Choice-Analysen finden (vgl. hierzu noch Kapitel 4). Über die Angemessenheit dieser Zusatzannahmen gibt es einigen Streit, weil sie häufig mit den Kernannahmen gleichgesetzt werden.[4] Diese Interpretation ist unter methodologischen Gesichtspunkten allerdings nicht zwingend, weil die Zusatzannahmen unabhängig von den Kernannahmen sind. Eine Ablehnung der Zusatzannahmen muss daher nicht zwangsläufig zur Aufgabe der Nutzentheorie führen. Die folgenden Zusatzannahmen finden sich besonders häufig in der Literatur: (1) Die Akteure entscheiden und handeln auf der Grundlage egoistischer, rein eigennütziger Motive. Die Anreize sind insoweit eingeschränkt, dass die Akteure nicht am Wohlergehen anderer interessiert sind, oder, anders gesagt, der Nutzen, den eine bestimmte Handlung und deren Konsequenzen haben, ist unabhängig von dem Nutzen dieser Handlung und ihrer Konsequenzen für andere. Darüber hinaus orientieren sich die Akteure an »harten« materiellen, finanziellen oder institutionellen Anreizen, das heißt, »objektive«, offenkundige und von außen leicht feststellbare Sachverhalte wie Einkommen, Güterpreise, Strafen, eine bestimmte Machtstruktur oder sonstige eindeutige soziale Strukturen leiten ihr Handeln. (2) Die Akteure handeln kurzsichtig, sie bewerten die positiven Folgen in der Gegenwart höher als in der Zukunft. (3) Die Präferenzen sind interpersonell konstant und zeitlich stabil, das heißt, es gibt zwischen den Akteuren keine relevanten Unterschiede und im Zeitablauf keine wesentlichen Änderungen. Deshalb werden Verhaltensänderungen nicht als Konsequenz

---

4 Vgl. z. B. Miller, Max (1994): »Ellbogenmentalität und ihre theoretische Apotheose«, in: *Soziale Welt*, 45. Jg., S. 5–15; Trapp, Manfred (1986), »Utilitaristische Konzepte in der Soziologie«, in: *Zeitschrift für Soziologie*, 15. Jg., S. 324–340.

von Präferenzverschiebungen, sondern ausschließlich aufgrund der Änderung von Restriktionen erklärt, und es kann die Unabhängigkeit der Präferenzen von sich ändernden Restriktionen vorausgesetzt werden. (4) Die Akteure sind vollständig informiert, sie verfügen über uneingeschränktes Wissen bezüglich der relevanten Handlungsalternativen und der zu erwartenden Handlungskonsequenzen (auf diese Annahme wird zunehmend verzichtet).

Wenn vom »**Homo oeconomicus**« im Rational-Choice-Ansatz gesprochen wird, ist üblicherweise eine Verbindung der Kernannahmen mit den genannten Zusatzannahmen gemeint. Sie machen die Analysen für konkrete Fragestellungen in der Regel einfacher, sind für bestimmte Zusammenhänge auch empirisch angemessen und in Gedankenexperimenten über mögliche Szenarien kollektiver Sachverhalte häufig ein sinnvoller Ausgangspunkt, sie sind aber nicht Bestandteil der Nutzentheorie. Die Nutzentheorie schließt weder Altruismus, die Orientierung an internen oder »weichen« Anreizen, wie ein schlechtes Gewissen oder das befriedigende Gefühl bei der Befolgung internalisierter Normen, noch interindividuelle und temporäre Präferenzvariationen oder unvollständige Information und selektives subjektives Wissen aus. Grundsätzlich geht es zunächst einmal nur um die subjektive Angemessenheit von Mitteln für gegebene Ziele (und auch der Altruist hat Ziele und trifft nach den theoretischen Vorstellungen Entscheidungen, die der Realisation seiner Ziele möglichst förderlich sind). Dabei treten unter den Bedingungen unvollständiger Information in der Regel zusätzliche Kosten auf, die als »**Transaktionskosten**« bezeichnet werden. Sie beziehen sich auf Kosten, die bei der Informationsbeschaffung und -verarbeitung, der Koordination mit anderen Personen oder bei der Kontrolle des Verhaltens anderer Akteure entstehen.

Auch wenn die Zusatzannahmen in vielen Rational-Choice-Analysen gesetzt und als Axiome behandelt werden, sind sie in empirischer Hinsicht generell als Vermutungen zu betrachten, die bei Bedarf überprüft werden können. Denn methodologisch gehören die Aussagen über die Art der wirksamen Anreize und den Informationsstand der Akteure zu den Antecedens-, Anfangs- oder Randbedingungen einer wissenschaftlichen Erklärung nach Hempel und Oppenheim (vgl. Kapitel 2). Abbildung 3-1 zeigt die generelle Anwendung der Erklärungslogik, die auf einer Gesetzesaussage, den Randbedingungen und einem Explanandum beruht.[5]

Für jeden konkreten Anwendungsfall müssen die Randbedingungen neu bestimmt werden, weil sie – wie bei jeder wissenschaftlichen Erklärung – nicht aus der Theorie deduktiv abgeleitet werden können. Randbedingungen sind grundsätzlich keine Bestandteile einer Theorie. In strukturell-individualistischer Perspektive geht es in diesem Zusammenhang darum, dass Brückenannahmen formuliert und empirisch gefüllt werden, die die Variablen der Handlungsebene mit der sozialen Realität verknüpfen (vgl. Kapitel 2). Die empirische Übersetzung der handlungstheoretischen Konstrukte führt so zu einer Analyse der sozialen Situation. Daher kann man auch sagen, dass erst die Begriffe der Handlungstheorie Einblick in die Situation gewähren. Die Nutzentheorie stellt gewissermaßen eine Brille dar, durch die die wesentlichen Merkmale der Situation betrachtet werden.

Mit Blick auf sozialwissenschaftliche Anwendungen ist von Bedeutung, dass sich die Grundannahmen der Nutzentheorie nicht nur auf individuelle Akteure, sondern immer auch auf **kollektive** beziehungsweise **korporative Akteure** anwenden lassen (wie Parteien, Verbände, Staaten, Unternehmen; vgl. Coleman 1995, Bd. 2). Kollektive Akteure sind als aggregierte

---

5 Nach Tietzel, Manfred (1985), *Wirtschaftstheorie und Unwissen. Überlegungen zur Wirtschaftstheorie jenseits von Risiko und Unsicherheit,* Tübingen, S. 24.

Abbildung 3-1: Aufbau einer nutzentheoretischen Erklärung

Explanans
Antecedensbedingungen
(1) Ziele des Handelnden
- Akteur A strebt nach Ziel Z.

(2) Handlungsmöglichkeiten bzw. -beschränkungen
- A hält H_1 und H_2 für geeignete Alternativen, um Z zu erreichen.
- H_1 erfordert einen wesentlich höheren finanziellen Aufwand als H_2.
- H_1 bindet erheblich mehr Zeit als H_2.

Gesetzesaussage
(3) Annahme der Nutzenmaximierung
- Alle Akteure versuchen, mit ihren Handlungen ihre Ziele in höchstem Maße zu realisieren – unter Berücksichtigung der Handlungsbeschränkungen, denen sie sich gegenübersehen.

Explanandum
A wählt und realisiert H_2.

Handlungseinheiten zu betrachten, deren Mitgliedern aufgrund besonderer Homogenitätsannahmen einheitliche Motivationslagen und Interessen unterstellt werden können. Korporative Akteure haben darüber hinaus eine »Verfassung«, in der die Regeln, nach der die kollektive Akteurseinheit »funktioniert«, explizit festgehalten sind. Korporative Akteure sind in aller Regel Organisationen. Aber auch hier gilt das Prinzip des methodologischen Individualismus, dass nicht Institutionen handeln, sondern Individuen innerhalb von und stellvertretend für Institutionen.

3.3 SEU-Modell

Die Logik der Situation ist häufig mit Unsicherheiten verknüpft, weshalb die Akteure Zweifel darüber empfinden, wie stark mögliche Handlungsfolgen mit den perzipierten Handlungsalternativen verbunden sind. Um die Nutzentheorie in solchen Risikosituationen anwenden zu können, ist ein besonderes Entscheidungsmodell notwendig. Mit dem Begriff »Modell« wird hier eine konkrete Formalisierung der Nutzentheorie bezeichnet, womit die genaue Beziehung zwischen abhängigen und unabhängigen Variablen spezifiziert wird. Das »*Subjective Expected Utility*«-Modell (SEU-Modell) ist das in diesem Zusammenhang in den Sozialwissenschaften bekannteste und am weitesten verbreitete Entscheidungsmodell, das sich auch auf Situationen ohne Unsicherheit anwenden lässt. Da das SEU-Modell zwar mit der allgemeinen Maximierungsannahme vereinbar ist, aber wegen seiner gehaltvolleren Annahmen nicht aus dieser abgeleitet werden kann und deshalb auch der Einsatz anderer Entscheidungsmodelle denkbar ist, gehört dieses Modell ebenfalls in den Bereich der Zusatzannahmen (eine ausführliche Darstellung verschiedener Entscheidungsmodelle findet sich zum Beispiel bei Jungermann u. a. 1998).

Im SEU-Modell werden zwei Aspekte der Konsequenzen der Handlungen als wesentlich eingeschätzt: ihre Unsicherheit und ihr Wert beziehungsweise der Nutzen für den Akteur. Verfolgt ein Student zum Beispiel das Ziel, sein Studium mit einer möglichst guten Ausbildung abzuschließen, kann er hierzu verschiedene Handlungen in Erwägung ziehen. Folgende zwei Alternativen könnten ihm offen stehen: Er könnte sein Ziel durch einen großen persönlichen Einsatz an der Heimatuniversität oder durch den Wechsel an eine aus seiner Sicht bessere Universität erreichen, weil dort zum Beispiel die Betreuungsrelationen zwischen Lehrenden und Lernenden deutlich günstiger ausfallen.

Inwieweit diese Alternativen zum Erfolg führen, wird er mit unterschiedlicher Wahrscheinlichkeit (»probability«) erwarten; das Vertrauen in die eigenen Fähigkeiten kann zum Beispiel groß sein. Darüber hinaus weisen die Handlungsalternativen noch weitere Konsequenzen auf, die ebenfalls bewertet und erwartet werden: Ein Wechsel der Universität kann mit zusätzlichen finanziellen Aufwendungen und Studienzeitverzögerungen verbunden sein, die negativ bewertet und mit einer bestimmten Wahrscheinlichkeit erwartet werden.

Grundsätzlich ist also zu berücksichtigen, dass Handlungen mehrere Handlungskonsequenzen haben, die positiv oder negativ bewertet werden, also mit Nutzen oder Kosten verknüpft sind. Dies stellt einen Anreiz für die Ausführung von Handlungen dar, weshalb man in diesem Zusammenhang auch von »Anreizwerten« oder »Valenzen« spricht. Insofern sind die Präferenzen eines Akteurs für sein Handeln relevant. Zugleich drücken sich in den Handlungskonsequenzen und ihren Auftrittswahrscheinlichkeiten die Restriktionen aus, denen das Handeln unterliegt: Mit konkreten Handlungen lässt sich immer nur ein Teil der vorhandenen Bedürfnisse als Handlungskonsequenz realisieren. Formal werden Bewertungen und Erwartungen auf eine bestimmte Weise kombiniert, um den subjektiven Nutzen der wahrgenommenen Handlungsalternativen zu bestimmen, die die Grundlage der Handlungswahl bilden (vgl. Abbildung 3-2).

Um den subjektiv erwarteten Nutzen (SEU-Wert) einer Handlungsalternative zu bestimmen, muss über die jeweiligen Produkte von p_{ij} und U_j aufsummiert werden, da jede Handlung in der Regel mehrere Folgeereignisse nach sich zieht. Man spricht deshalb von einem »Produktsummenmodell«. Die Summe gilt als Ausdruck des Gesamtvorteils einer Handlung und wird auch als »**Nettonutzen**« bezeichnet. Die multiplikative Verknüpfung von Bewertungs- und Erwartungsvariablen bewirkt, dass stark positiv bewertete Ereignisse bei wahrge-

Abbildung 3-2: SEU-Modell

$SEU(H_i) = p_{i1} * U_1 + p_{i2} * U_2 + p_{i3} * U_3 + \ldots p_{in} * U_n = \Sigma_j\, p_{ij} * U_j$

SEU = subjektiv erwarteter Nutzen der Handlungsalternative (Nettonutzen)

H_i = Handlungsalternative i

p_{ij} = subjektive Erwartung (Wahrscheinlichkeit) der Handlungskonsequenz j der Handlungsalternative i (wobei $\Sigma_j p_{ij} = 1$, d.h. die Ereignisse sind erschöpfend und schließen sich gegenseitig aus)

U_j = subjektive Bewertung der Handlungskonsequenz j (hier fehlt das Subskript i, da die Bewertung eines Ereignisses unabhängig von der Handlungsalternative i ist)

nommenen Eintrittswahrscheinlichkeiten von null keinen Einfluss oder Anreiz auf das Auftreten der betreffenden Handlungsalternative erhalten. Umgekehrt haben neutral bewertete Handlungskonsequenzen einer Handlung selbst bei wahrgenommener hoher Eintrittswahrscheinlichkeit keine Bedeutung für die Ausführung dieser Handlung. Für andere Variablenwerte tritt ein kompensatorischer Effekt ein: Geringe Eintrittswahrscheinlichkeiten gewinnen durch hohe subjektive Bewertungen und geringe Bewertungen durch hohe Wahrscheinlichkeiten an Bedeutung für die Handlungswahl.

Die **Entscheidungsregel** lautet daher wie folgt: Von mehreren Handlungsalternativen, die ein Akteur in Erwägung zieht, wählt er diejenige, für die die perzipierten Handlungskonsequenzen am positivsten bewertet und am sichersten erwartet werden; in anderen Worten: Der Akteur wählt diejenige Handlungsalternative mit dem höchsten SEU-Wert bzw. dem höchsten Nettonutzen. Für zwei Handlungsalternativen H_1 und H_2 erfolgt die Wahl von H_1 also dann, wenn gilt: $SEU_1 > SEU_2$ bzw. als Nutzendifferenzial formuliert: $(SEU_1 - SEU_2) > 0$.

Die Ausführung einer Handlung ergibt sich also aus der Nutzenkalkulation der Handlungsfolgen. Nach Martin Fishbein und Icek Ajzen verbinden Menschen mit jeder Verhaltensweise prinzipiell sehr viele Konsequenzen.[6] Aufgrund der Begrenztheit der menschlichen Informationsverarbeitungskapazität spielen bei der Handlungswahl aber in der Regel nur wenige perzipierte Ereignisfolgen eine Rolle. Dabei wird vorausgesetzt, dass mit einer Entscheidung für eine bestimmte Handlung auch ihre Ausführung impliziert ist (für eine differenziertere Betrachtung, die nichts an der Grundaussage ändert, vgl. Ajzen 1991).

Abbildung 3-3 demonstriert die Vorgehensweise anhand des zuvor genannten und vereinfachten Beispiels. Es wird deutlich, dass erst die explizite Formulierung einer allgemeinen Selektionsregel die Auswahl einer bestimmten Handlung erklärbar macht. Hierin wird ein großer Vorteil von Rational Choice gegenüber anderen theoretischen Ansätzen gesehen, die das Selektionsgesetz oft nur implizit enthalten.[7] In dieser Perspektive beruht die Darstellung des SEU-Modells auf der Vorstellung, dass die Akteure auf die beobachtbare Art und Weise handeln, *weil* sie bestimmte Wünsche, Ziele oder Präferenzen und *weil* sie bestimmte Erwartungen über die Ergebnisse ihres Handelns haben. Die von den Individuen perzipierten Handlungskonsequenzen sowie deren Nutzen und Wahrscheinlichkeiten erklären das Auftreten einer bestimmten Handlung. Sie sind die Ursachen oder Bestimmungsfaktoren für die Realisation einer Option der wahrgenommenen Handlungsalternativen. Die Personen bilden und verändern aufgrund direkter und indirekter Erfahrungen ihre Überzeugungen, wie wahrscheinlich bestimmte Konsequenzen mit der Ausführung einer Verhaltens-

---

6 Fishbein, Martin/Ajzen, Icek (1975), *Belief, Attitude, Intention, and Behavior,* Reading/Mass.
7 Vgl. Opp (1983); Kunz, Volker (1996), *Empirische Ökonomik. Handlungstheoretische Grundlagen der Erklärung politischer und sozialer Prozesse,* Marburg, S. 41 ff.

Abbildung 3-3: Beispiel für die Anwendung des SEU-Modells

Handlungsalternativen	Handlungskonsequenzen	
	gute Ausbildung	unzureichende Ausbildung
Studium an Uni X (H_1)	$U_1 = 0{,}9$ / $p_{11} = 0{,}8$	$U_2 = -0{,}7$ / $p_{12} = 0{,}2$
Studium an Uni Y (H_2)	$U_1 = 0{,}9$ / $p_{21} = 0{,}3$	$U_2 = -0{,}7$ / $p_{22} = 0{,}7$

Akteur: Student A. *Perzipierte Handlungsalternativen i:* Für A bestehen zwei Optionen: H_1 = Wechsel an eine auswärtige Universität X, H_2 = Verbleib an der Heimatuniversität Y. *Wahrgenommene Handlungskonsequenzen j:* Zu Gunsten einer einfachen Darstellung soll A die Handlungsalternativen nur im Zusammenhang mit der Qualität der Ausbildung sehen, wobei lediglich zwei Ausprägungen von Bedeutung sein sollen: eine gute oder eine unzureichende Ausbildung. Für jede dieser Handlungskonsequenzen ist der Nutzen (U) und die Wahrscheinlichkeit (p) zu ermitteln. *Subjektive Bewertung der Handlungskonsequenzen j:* Messung der Nutzenwerte auf einer normierten Skala von –1 bis +1. Die Werte sind unabhängig von den beiden Handlungsalternativen; so präferiert A immer eine gute Ausbildung, unabhängig davon, an welcher Universität er studiert. *Subjektive Erwartung der Handlungskonsequenzen j:* Messung der Wahrscheinlichkeiten auf der Standardskala von 0 (0 %) bis 1 (100 %). Die Erwartung von A bezüglich des Eintretens der Konsequenzen variiert je nach Handlungsalternative. Dabei ist $p_{12} = 1 - p_{11}$. Wenn eine gute Ausbildung mit der Wahrscheinlichkeit von 0,8 an Universität X erwartet wird, kann die alternative Konsequenz nur noch mit einer Wahrscheinlichkeit von 0,2 eintreffen, da sich beide Konsequenzen ausschließen. Analog gilt $p_{22} = 1 - p_{21}$. *Handlungswahl:* Entsprechend der Nutzen- und Wahrscheinlichkeitswerte der Handlungskonsequenzen werden die SEU-Werte für die beiden Optionen H_1 und H_2 bestimmt. Demnach wird H_1 gewählt:

$p_{11} * U_1 + p_{12} * U_2 = SEU(H_1)$ / $0{,}8 * 0{,}9 + 0{,}2 * -0{,}7 = 0{,}58$
$p_{21} * U_1 + p_{22} * U_2 = SEU(H_2)$ / $0{,}3 * 0{,}9 + 0{,}7 * -0{,}7 = -0{,}22$
$(SEU(H_1) = 0{,}58) > (SEU(H_2) = -0{,}22) => H_1$

weise verbunden sind. Ebenso können sich durch diese Erfahrungen die Bewertungen der Handlungsfolgen bilden oder verändern, wobei sich diese Prozesse ebenfalls auf Grundlage des SEU-Modells erklären lassen.[8] Wenn Bewertungen und Erwartungen das Handeln determinieren, stellen diese aus der Perspektive der angewandten Sozialforschung auch potenzielle Ansatzpunkte für praktische Interventionsmaßnahmen in soziale Handlungsfelder dar.

Diese Auffassung steht im Gegensatz zu einer verbreiteten Konzeption in der mathematischen Entscheidungsforschung, nach der in der Nutzentheorie keine motivationale Komponente enthalten ist. Man schließt hier vielmehr von den Handlungen auf die Nutzenfunktionen und versucht eine Entscheidung so zu rekonstruieren, *als ob* der Akteur die Nutzenwerte und Wahrscheinlichkeiten der Konsequenzen kalkuliert hat; für die »tatsächlichen« Werte und kognitiven Prozesse interessiert man sich nicht (»Theorie der offenbarten Präferenzen«). Damit wird allerdings die Fragestellung jeder Handlungstheorie auf den Kopf gestellt. Im Mittelpunkt steht hier immer die Frage nach den empirisch relevanten Bestimmungsfaktoren von Handlungswahlen.[9]

Varianten einer solchen kausalen Konzeption des SEU-Modells sind auch in der Sozialpsychologie weit verbreitet. Sie werden dort unter den Bezeichnungen »Wert-Erwartungstheorien« oder »Instrumentalitätstheorien« diskutiert. Besonders

---

8 Vgl. Esser (1996a); Kaufmann-Mall, Klaus (1982), *Lernen und soziales Verhalten aus kognitiv-hedonistischer Sicht*, Weinheim/Basel; Opp, Karl-Dieter (2001), »Warum denken Leute, sie seien politisch einflussreich? Die Erklärung einer kognitiven Illusion«, in: Druwe, Ulrich/Kunz, Volker/Plümper, Thomas, *Jahrbuch für Handlungs- und Entscheidungstheorie*, Folge 1, Opladen, S. 9–48.

9 Vgl. zu dieser Diskussion Spohn (1994) oder Schmidt, Thomas (1996), »Klassische Erwartungsnutzentheorie: Status, Anwendbarkeit, Perspektiven«, in: Druwe/Kunz, S. 42–55.

bekannt sind die »Theory of Reasoned Action« (Ajzen/Fishbein 1980) und die »Theory of Planned Behavior« (Ajzen 1991), die sich vom SEU-Modell vor allem in einer besonderen Differenzierung der Handlungskonsequenzen unterscheiden (vgl. Kunz 1997, S. 178ff.). Hierbei werden explizit soziale Normen und soziale Erwartungen wichtiger Bezugspersonen als potenzielle Anreizfaktoren betrachtet. Darüber hinaus ist die Darstellung nutzenmaximierenden Handelns nach dem SEU-Modell äquivalent zur »Marginalanalyse« für quantitativ darstellbare Handlungsalternativen, für die sich die Entscheidungssituation im Sinne einer Auswahl von »mehr oder weniger« darstellt.

3.4 Marginalanalyse

Die **Marginalanalyse** stammt ursprünglich aus dem engeren Bereich der (neoklassischen) Ökonomie. Für ihre Anwendung ist die Unterscheidung von **Gesamtnutzen** und **Grenznutzen** von zentraler Bedeutung, wobei der Zusatz »Grenz-« die Bedeutung einer »zusätzlichen« Nutzeneinheit hat. Wer zum Beispiel daran denkt, zusätzliche Einheiten eines bestimmten Gutes zu konsumieren (etwa Eis), wird diese Aktivität aus Sicht der Nutzentheorie deshalb realisieren, weil sie eine Steigerung des Gesamtnutzens mit sich bringt, und diese Steigerung wird als »Grenznutzen« oder »marginaler Nutzen« bezeichnet.

In diesem Zusammenhang wird häufig unterstellt, dass mit zusätzlichen Aktivitäten der Grenznutzen dieser Aktivitäten abnimmt. Diese Zusatzannahme geht auf Hermann Heinrich Gossen (1854) zurück und erfasst also den Fall, dass der zusätzliche Nutzen, den der Konsum des Gutes mit sich bringt, kontinuierlich sinkt. Dabei ist zu berücksichtigen, dass zugleich Kosten für jede Aktivität beziehungsweise konsumierte Einheit auftreten. Diese zusätzlichen Kosten, also die Grenzkosten, ergeben sich aus dem zu zahlenden Preis für das Gut und dem damit verbundenen Verzicht auf den Kauf und den Konsum anderer Güter oder den Verzicht darauf, das Geld für spätere Aktivitäten zu sparen. Grenzkosten resultieren also aus den Opportunitätskosten, das heißt dem entgangenen Nutzen aus der zweitbesten, nicht gewählten Handlungsalternative.

Auf dieser Grundlage führt die marginale Perspektive zu der folgenden **Regel**: Wenn der Grenznutzen, der Nutzen einer zusätzlichen Aktivität, und die Grenzkosten, die Kosten einer zusätzlichen Aktivität, gleich sind, ist der Nettonutzen maximal. Denn solange der Grenznutzen die Grenzkosten übertrifft, kann noch zusätzlicher Nettonutzen erreicht werden. Sind dagegen die Grenzkosten höher als der Grenznutzen, verspricht die Ausdehnung der Aktivität keinen zusätzlichen Nettonutzen mehr. Der Nettonutzen geht zurück und der Grenznettonutzen wird negativ. Nutzenmaximierendes Handeln erfolgt in der Perspektive der Marginalanalyse also dann, wenn die Grenzkosten dem Grenznutzen entsprechen (diese Überlegungen führen zum Nachfragegesetz, das besagt, dass unter sonst gleichen Bedingungen die Nachfrage nach einem Gut zurückgeht, wenn sein Preis steigt).

Beispielhaft lässt sich die Regel der Marginalanalyse so verdeutlichen: Wenn man davon ausgeht, dass ein bestimmtes Konsumgut grundsätzlich 2 Euro kostet, entsprechen die Grenzkosten genau diesem Betrag, da der Preis für jede Einheit konstant bleibt. Demgegenüber nimmt der Grenznutzen kontinuierlich ab. Die erste Einheit kann einer Person zum Beispiel die Ausgabe von 3 Euro Wert sein, für die zweite Einheit entsteht ihr ein Grenznutzen von 2 Euro und eine dritte Einheit mag für sie nur noch mit einem zusätzlichen Nutzen von 1 Euro verbunden sein. Unter diesen Bedingungen wird die Person genau zwei Einheiten des Gutes konsumieren. Denn die erste Einheit ist ihr die Ausgabe von 3 Euro wert, sie kostet aber nur

2 Euro; die Person würde daher auf einen relativen Nutzengewinn verzichten, wenn sie diese Einheit nicht konsumieren würde. Demgegenüber liegen bei der dritten Einheit die Grenzkosten (2 Euro) über dem Grenznutzen (1 Euro), die Person würde einen Verlust erleiden, das heißt, weitere Ausgaben für das Gut würden mehr kosten, als sie an zusätzlichem Nutzen einbrächten. Auf diesen Nutzen wird eine rational handelnde Person keinen Wert legen.

Ein Akteur hat daher keinen Anlass zu einer Verhaltensänderung, wenn Grenznutzen und Grenzkosten gleich sind. Verhaltensänderungen würden im Hinblick auf die entstehenden Kosten zu keiner weiteren Nutzensteigerung führen. Der Akteur befindet sich im Gleichgewicht, und zu Abweichungen von diesem Gleichgewicht kommt es nur dann, wenn sich die Handlungsbedingungen (die Preise für das Gut) oder auch die Präferenzen (die Vorliebe für das Gut) ändern.

Da sich Ökonomen traditionell in erster Linie mit dem Einfluss von Preisen und ihrer Bedeutung für das Zusammenspiel von Angebot und Nachfrage am Markt beschäftigen, steht die Analyse der Handlungsbedingungen häufig im Mittelpunkt von Rational-Choice-Analysen, insbesondere wenn es um die Untersuchung von Veränderungen des Verhaltens geht. Es finden sich daher oft Analysen von Richtungshypothesen und seltener Analysen von Verteilungshypothesen; zum Beispiel geht es um die Erklärung der Änderungen der Wahlbeteiligung bei demokratischen Wahlen, nicht aber um die Erklärung ihrer absoluten Höhe.[10] Dies erscheint vor allem dann als ein interessanter Ansatz, wenn offensichtliche strukturelle Restriktionen die Logik der Situation deutlich bestimmen. Allerdings beste-

---

10 Vgl. Kirchgässner, Gebhard (1990), »Hebt ein ›knapper‹ Wahlausgang die Wahlbeteiligung?«, in: Klingemann, Hans-Dieter/Kaase, Max (Hg.), *Wahlen und Wähler. Analysen aus Anlass der Bundestagswahl 1987,* Opladen, S. 445-477.

hen bei vielen Rational-Choice-Vertretern auch grundsätzliche Vorbehalte gegenüber der Verhaltensanalyse mittels Präferenzen, die häufig nur schwierig zu messen sind.[11] Der Einfluss von Präferenzen und ihrer Änderung auf das Verhalten der Akteure wird daher mit Bezug auf die zusätzliche Annahme der Konstanz und Stabilität der Präferenzen in Rational-Choice-Analysen oft vernachlässigt. Dies entspricht einer verbreiteten Skepsis gegenüber der Erklärungskraft kultureller Variablen auf der Aggregatebene, wenn man, wie in der empirischen Kulturforschung üblich, unter Kultur die Verteilung individueller Präferenzen, Einstellungen oder Werthaltungen in einer Gesellschaft versteht.

Ein Beispiel für die allgemeine Anwendbarkeit der Marginalanalyse bietet die Erklärung und Vorhersage des Studienaufwandes. Ein rationaler, nutzenmaximierender Student wird zum Beispiel ein Lehrbuch so lange durcharbeiten, bis die Grenzkosten einer zusätzlichen Stunde, die er für dieses Buch aufbringt, gleich dem zusätzlichen Nutzen sind, den er aus dieser Arbeit zieht. Denn solange der Grenznutzen einer zusätzlichen Arbeitsstunde höher ist als die entsprechenden Grenzkosten, hat er etwas von dem Verzicht auf andere Aktivitäten; er hat dann zum Beispiel mehr davon, mit diesem Buch zu arbeiten, als in dieser Zeit im Internet zu surfen. Entsprechend ist auch die Verwendung und Aufteilung der verfügbaren Zeit für die Lösung einzelner Aufgaben in einer Klausur ein typisches Beispiel für die Anwendung der Maginalanalyse: Solange der Nutzen der investierten Zeit – dies sind hier die erzielbaren Lösungspunkte pro Zeiteinheit – für die erste Aufgabe größer ist als der Ertrag dieser Zeiteinheit für eine andere Aufgabe,

---

11 Vgl. z. B. Becker (1993), S. 12 f.; Behrends, Sylke (2001), *Neue Politische Ökonomie,* München, S. 7 f.; Braun, Norman/Franzen, Axel (1995), »Umweltverhalten und Rationalität«, in: *Kölner Zeitschrift für Soziologie und Sozialpsychologie,* 47. Jg., S. 231–248.

lohnt es sich, diese Zeit für die erste Aufgabe zu verwenden. Ansonsten würde man auf einen relativen Nutzengewinn pro Zeiteinheit verzichten. Diese Zeitaufteilung lohnt sich solange, bis der Grenznutzen pro Zeiteinheit der Bearbeitung dieser Aufgabe geringer wird als der zusätzliche Ertrag pro Zeiteinheit, der aus der Bearbeitung einer anderen Aufgabe resultiert (für eine Anwendung der Marginalanalyse auf sehr verschiedene Sachverhalte vgl. z. B. McKenzie/Tullock 1978).

3.5 Spieltheorie

Im Mittelpunkt dieses Abschnitts stehen Handlungskonstellationen, in denen die Entscheidungen eines Akteurs direkte Rückwirkungen auf die Entscheidungen der anderen beteiligten Akteure haben. In der bisherigen Darstellung wurde davon ausgegangen, dass die Akteure ihre Umwelt als festen Parameter in ihr Entscheidungskalkül aufnehmen können. Hiervon sind Situationen wechselseitiger Interdependenz zu unterscheiden, bei denen ein Akteur die möglichen Entscheidungen anderer Akteure in seinen Entscheidungen explizit mitberücksichtigt und jeder Akteur davon ausgeht, dass alle anderen sich dieser **strategischen Interdependenz** ebenfalls bewusst sind.

Solche Situationen werden im Rahmen eines besonderen Forschungsbereichs behandelt, der **Spieltheorie** (»game theory«). Es handelt sich hierbei um eine bestimmte Art der formalen Darstellung von Interaktionsstrukturen auf Grundlage der Nutzentheorie. Dabei ist es üblich, von zwei Akteuren auszugehen, die über jeweils zwei Entscheidungsoptionen verfügen. Dies dient im Wesentlichen der Vereinfachung der Darstellung. Zu den bekanntesten Spielen gehört das Gefangenendilemma (»prisoners' dilemma«), an dem sich die Grundgedanken der Spieltheorie auf unkomplizierte Weise verdeutlichen lassen. Andere

Spiele und eine detaillierte Darstellung der Vorgehensweise finden sich in der einschlägigen Literatur (vgl. z. B. Luce /Raiffa 1989; Rieck 1993).

Beim **Gefangenendilemma** handelt es sich um ein »nichtkooperatives Spiel«, da sich die Akteure nicht absprechen und auch keine bindenden Verträge eingehen können. Ausgangspunkt ist folgende Interaktionsstruktur: Zwei rationale und nicht am Wohlergehen des anderen interessierte Akteure haben die Möglichkeit zu kooperieren oder zu defektieren, das heißt, nicht zu kooperieren. Das Dilemma besteht darin, dass sich beide Beteiligten durch Kooperation zwar am besten stellen würden, beide Seiten es letztlich aber immer vorziehen, nicht miteinander zu kooperieren. Am Beispiel der ursprünglichen Geschichte nach Merrill Flood und Albert Tucker wird dieses Problem anschaulich (vgl. Luce/Raiffa 1989): Zwei Verbrecher werden eines gemeinsamen Diebstahls verdächtigt. Beide können ihre Aussagen nicht miteinander absprechen, da sie im Gefängnis einzeln untergebracht sind und auch getrennt verhört werden. Die Strafe, die sie zu erwarten haben, hängt für jeden der beiden davon ab, wie sich der jeweils andere verhält. Leugnen beide, dann bekommen sie nur eine geringe Strafe, weil man ihnen nur das geringe Vergehen des unerlaubten Waffenbesitzes nachweisen kann. Wenn jedoch einer von beiden gesteht und der andere leugnet, kommt der Geständige als Kronzeuge ohne Strafe davon und der Leugnende muss für eine lange Zeit ins Gefängnis. Gestehen beide, kommen auch beide ins Gefängnis, allerdings deutlich kürzer als jeder allein. Die Gefangenen können also entweder miteinander kooperieren und leugnen oder nicht kooperieren und gestehen. Wenn beide leugnen, ist es für sie natürlich besser, als wenn sie beide gestehen. Aber jeder der beiden kann das kooperative Verhalten des anderen zu seinen Gunsten ausbeuten: Für den einzelnen Verbrecher wäre es am besten, wenn er ohne Strafe davon kommen würde.

Abbildung 3-4 stellt diesen Sachverhalt in einer Auszahlungsmatrix dar. In den Zeilen sind die Handlungsalternativen für Akteur A und in den Spalten die Handlungsalternativen für Akteur B enthalten (Kooperation und Defektion). Diese Alternativen werden auch als »**Strategien**« bezeichnet. Die in der Matrix angegebenen Auszahlungen (»pay offs«) bezeichnen die Konsequenzen und ihre Bewertung durch die Akteure oder »Spieler«. Formal geben sie lediglich die Reihung der Präferenzen wieder, ohne dass die quantitativen Abstände zwischen den Auszahlungen eine Bedeutung haben. Jede Auszahlungsmatrix, die die vorgegebene Rangordnung der Resultate für die Akteure in den vier Quadranten a, b, c und d einhält, ist zur Abbildung der Problemstruktur des Gefangenendilemmas geeignet. Weil es sich um zwei Interaktionspartner handelt, stehen in jedem Feld der Matrix zwei Auszahlungen. Der erste Wert bezieht sich auf den Zeilenakteur A, der zweite Wert auf den Spaltenakteur B. Beide Akteure kennen die Handlungsalternativen und die mit ihnen verbundenen Konsequenzen, das heißt, sie treffen ihre Entscheidung unter vollständiger Information. Diese Information ist aber nicht perfekt, weil jeder Akteur unabhängig von und unter Unkenntnis der Entscheidung des anderen Akteurs seine Auswahl zwischen den beiden Alternativen treffen muss. Diese Entscheidungen führen zu einem der vier möglichen Ergebnisse der Matrix, das heißt, das Interaktionsergebnis hängt von der Kombination der gewählten Alternativen ab. Wenn beispielsweise A defektiert und B kooperiert, erhält A die Konsequenz 5 und B die Konsequenz 0. A stellt sich also bei dieser Kombination besser als B.

Im spieltheoretischen Gleichgewicht, aus dem sich die Lösung des Spiels ergibt, sind zwei Strategien dann, wenn keiner der Beteiligten durch eine einseitige Änderung seiner Strategie etwas hinzugewinnen kann. Ein Gleichgewicht in der Spieltheorie bedeutet also, dass kein rationaler Akteur, gegeben die Strategie des jeweils anderen Akteurs, durch Wechsel der Strategie ein besseres Ergebnis erhalten kann und daher eine andere Entscheidungsalternative wählen wird. Dieser Gleichgewichtspunkt wird in der spieltheoretischen Literatur als »Nash-Gleichgewicht« bezeichnet (zurückgehend auf den Spieltheoretiker John Nash). Auf dieser Grundlage zeigt Abbildung 3-4, dass nur die Strategie D/D sich in einem solchen Gleichgewicht befindet und daher »dominant« ist: Was immer ein Akteur wählt, es ist für den anderen besser, nicht zu kooperieren. Die Struktur der Situation des Gefangenendilemmas bedingt also, dass sich keine Kooperation zwischen nutzenmaximierenden Akteuren einstellt. Damit integriert der spieltheoretische Ansatz auf einfache Weise Selektions- und Transformationsregeln.

Abbildung 3-4: Beispiel einer Auszahlungsmatrix im Gefangenendilemma

Anzahlung an Akteur A / Akteur B		B	
		Kooperation (K)	Defektion (D)
A	Kooperation (K)	a 3 / 3	b 0 / 5
	Defektion (D)	c 5 / 0	d 1 / 1
Rangordnung für A: c – a – d – b; Rangordnung für B: b – a – d – c.			

Das Interaktionsergebnis ist leicht nachzuvollziehen, wenn man zum Beispiel unterstellt, dass Akteur A davon ausgeht, dass sich Akteur B kooperativ verhält. Die beste Strategie für A ist in diesem Fall Defektion, weil damit das Ergebnis 5 statt Konsequenz 3 zu erreichen ist. Defektion lohnt sich aber auch dann, wenn A davon ausgeht, dass B sich nicht-kooperativ verhält. Denn das bedeutet, dass immer noch das Ergebnis 1 gegenüber der Konsequenz 0 zu erreichen ist. Dieselbe Logik gilt natürlich auch für Akteur B, mit der Folge, dass sich beide Interaktionspartner bei D/D wieder finden. Für beide Akteure gibt es keinen Anreiz, diesen Zustand zu verlassen und eine kooperative Wahl zu treffen. Damit stellt sich das paradoxe Ergebnis ein, dass beide Akteure, wenn sie für sich die beste Option wählen, zu einem schlechteren Ergebnis kommen, als wenn jeder eine suboptimale Wahl treffen würde. Dieses Resultat wird auch als »pareto-inferior« bezeichnet (wenn die Interaktionspartner kooperieren und damit ihre Kooperationsgewinne realisieren würden, wäre das Ergebnis »pareto-superior«; zurückgehend auf Vilfredo Pareto, vgl. Kapitel 1).

Das pareto-inferiore Ergebnis gilt theoretisch zwingend allerdings nur im einmaligen Spiel. Bei wiederholten Interaktionen besteht die Option, auf das Verhalten des Partners mit Kooperation oder Sanktionen beziehungsweise Defektion zu reagieren. Dadurch kann es im eigenen Interesse liegen, zu kooperieren, solange der andere Akteur diese Strategie ebenfalls verfolgt (vgl. Axelrod 1984). Diese evolutionäre Lösung des Kooperationsdilemmas funktioniert allerdings nur dann, wenn die Handlungen der anderen Seite überhaupt identifizierbar sind, um sie bei Defektion auch sanktionieren zu können. Bei einer zunehmenden Zahl von Akteuren ist diese Bedingung immer schwieriger zu erreichen, weshalb das einfache Gefangenendilemma in sozialwissenschaftlichen Untersuchungen häufig als Ausgangspunkt für die Darstellung sozialer Interaktionsprobleme dient (vgl. z.B. Homann/Suchanek 2000). Es illustriert auf einfache Weise Handlungszusammenhänge, in denen die Verwirklichung gemeinsamer Interessen und die Zusammenarbeit zum gegenseitigen Vorteil an der Struktur der Situation scheitern. Viele gesellschaftliche Situationen lassen sich im Rahmen dieser Interaktionsstruktur problematisieren; dazu gehören so zentrale Aspekte wie die Entstehung sozialer Ordnung, die Verwirklichung sozialer Gerechtigkeit oder die schonende Nutzung der zunehmend knapper werdenden Umweltressourcen. Allen diesen Situationen ist die Gefahr der Ausbeutung immanent, da sie durch eine besondere, im Gefangenendilemma repräsentierte Konstellation von Interessenkonflikten gekennzeichnet sind: Einerseits gibt es gemeinsame Interessen an einer Kooperation, die für jeden einzelnen Interaktionspartner Gewinne verspricht (wie Rechtssicherheit oder eine saubere Umwelt); andererseits bestehen konfligierende Interessen hinsichtlich der individuellen Beiträge zur Realisierung und Aufteilung der Kooperationsgewinne.

Im Kontext von Rational Choice wird hierin ein wichtiger Anknüpfungspunkt für die Analyse sozialer Strukturen und Prozesse gesehen, wobei die Spieltheorie natürlich nur eine Möglichkeit der Analyse von Dilemmastrukturen darstellt. Dabei lassen sich auch im Rahmen der Spieltheorie besondere soziale Aspekte wie Altruismus oder Solidarität einführen. Die Befriedigung über das Wohlergehen anderer Akteure wird zu den Auszahlungen einfach hinzuaddiert (vgl. Kelley/Thibaut 1978). Weil sich damit der strategische Aspekt der Interaktion verändert, handelt es sich dann allerdings um ein anderes Spiel als das Gefangenendilemma. Ebenso lässt sich die problemorientierte Vereinfachung der Interaktionsstrukturen im Rahmen eines Zwei-Personen-Spiels durch komplexere Annahmen modifizieren. An der grundsätzlichen Vorgehensweise ändert sich aber nichts: Man geht von gegebenen Präferenzen aus und untersucht die Interaktionsergebnisse vor dem Hintergrund der Struktur der sozialen Situation, die bestimmte Anreize setzt.[12]

---

12 Zu neueren Entwicklungen der Spieltheorie vgl. insbesondere die Arbeiten im Rahmen der evolutionären Spieltheorie und der »behavioral game theory«: Weibull, Jürgen W. (1997), *Evolutionary Game Theory*, Cambridge, London; Camerer, Colin (2003), *Behavioral Game Theory*, Princeton.

4 Anwendungen

> Anwendungen von Rational Choice finden sich in allen Bereichen der Sozialwissenschaften. Rational Choice stellt daher ein vielfältiges Forschungsprogramm mit zum Teil eigenständigen Forschungsrichtungen dar. Dabei sind die Untersuchungen durch unterschiedliche Anwendungsstrategien gekennzeichnet. Vor allem ist zwischen indirekten und direkten Anwendungen zu unterscheiden. Zu den einflussreichen indirekten Anwendungen gehören die Analyse demokratischer Prozesse nach Anthony Downs und die Analyse kollektiven Handelns nach Mancur Olson. Beide Arbeiten werden aufgrund ihrer weitreichenden Schlussfolgerungen in verschiedenen Bereichen der Sozialwissenschaften intensiv diskutiert. Als bedeutsames Beispiel einer direkten empirischen Anwendung kann der praxisbezogene Einsatz von Rational Choice in der Evaluationsforschung betrachtet werden. Ein wichtiges Problem, das sich für Rational-Choice-Analysen stellt, betrifft die Konstruktion von Brückenannahmen. Hierzu liegen in der Literatur unterschiedliche Vorschläge vor.

4.1 Anwendungsbreite und Anwendungsstrategien

Jede Frage des gesellschaftlichen Zusammenlebens lässt sich auf der individuellen Ebene als ein Problem der Selektion von Handlungsalternativen unter Knappheitsbedingungen darstellen, weshalb sich Rational-Choice-Analysen mit allen möglichen Aspekten des sozialen, wirtschaftlichen und politischen Lebens beschäftigen. Warum entscheiden sich die meisten Menschen dafür, mit dem Auto statt mit dem Zug zu fahren? Warum treten Menschen in eine Partei ein und engagieren sich, anstatt ihre Freizeit anderweitig zu nutzen? Von welchen Faktoren hängt die Wahlentscheidung der Bürger ab? Warum entscheiden sich nicht alle Abiturienten für ein Studium? Warum wählen so viele Studienanfänger ein sozialwissenschaftliches Studienfach? Warum halten sich so viele Menschen an institutionelle Regeln, anstatt sie zu ignorieren? Unter welchen Bedingungen entscheidet eine Person, einer anderen Person Vertrauen zu schenken? Wovon hängt die Suche der Personen nach Arbeitsstellen ab? Warum kommen immer mehr Paare zu dem Schluss, auf Kinder zu verzichten? Und so weiter. Aus der Analyse dieser individuellen Entscheidungen auf Grundlage der Maximierungsannahme lassen sich über entsprechende Transformationsregeln die eigentlich interessierenden kollektiven sozialen Phänomene als aggregierte Folge der individuellen Handlungen bestimmen. Beispiele für solche kollektiven sozialen Phänomene sind die Verteilung der Verkehrsströme auf unterschiedliche Nutzungsarten, die politischen Mehrheitsverhältnisse im Parlament und die Struktur des Parteiensystems, die allgemeine und fächerspezifische Studierquote, das soziale Kapital einer Gesellschaft, das heißt die Verbreitung von Normkonformität und sozialem Vertrauen, oder die Arbeitslosen- und Geburtenrate.

Wenn man darüber hinaus die Anwendungsmöglichkeiten der Grundannahmen für kollektive Akteure in Rechnung stellt, ist es wenig erstaunlich, dass Rational Choice ein vielfältiges Forschungsprogramm mit zum Teil eigenständigen Forschungsrichtungen darstellt; man spricht zum Beispiel von »Umweltökonomie«, »Ökonomischer Theorie der Politik« beziehungsweise »Moderner« oder »Neuer Politischer Ökonomie«, »Ökonomischer Theorie der Bürokratie«, »des Rechts« und »der Kriminalität« oder »Ökonomischer Theorie der Familie«. Bei aller Verschiedenheit in der anwendungsorientierten Perspektive haben diese Ansätze einen wesentlichen Punkt gemeinsam: die Nutzentheorie als handlungstheoretischen Kern der Analyse sozialer und politischer Tatbestände. Es unterscheiden sich also die Anwendungsfelder, nicht aber der nomologische Kern der Analysen. Genau aus diesem Grund verknüpfen sich mit Rational Choice die Hoffnungen auf fundierte Analysen gesellschaftlicher Steuerung und eine verstärkte Integration der sich in Einzel-, Sub- und Bindestrichfächer ausdifferenzierenden Sozialwissenschaften.

Beispielhaft findet sich diese Orientierung in den Überlegungen des 1995 verstorbenen amerikanischen Soziologen James S. Coleman, dessen Werk *Foundations of Social Theory* (1990/1995) von dem Bemühen gekennzeichnet ist, eine umfassende Sozialtheorie auf Grundlage von Rational Choice zu formulieren, in der so unterschiedliche Sachverhalte wie Vertrauen, Sozialkapital oder Herrschaft thematisiert werden. Von vergleichbarer Bedeutung sind die Schriften von Hartmut Esser zu den *Allgemeinen* und *Speziellen Grundlagen der Soziologie* (1996, 1999–2001), die sich in vielfältiger Weise auf die struktur-individualistische und ökonomische Perspektive beziehen. Die Arbeiten beider Autoren stehen im Einklang mit der institutionentheoretischen Wende in der Ökonomie. Nach vielfacher Kritik an der fehlenden institutionentheoretischen Perspektive der Neoklassik gewinnt seit den siebziger Jahren die »Neue Institutionenökonomie« zunehmende Bedeutung in den Wirtschaftswissenschaften. Ihre Kernelemente sind der auf

Ronald H. Coase (1937) und Oliver Williamson (1975) zurückgehende Transaktionskostenansatz, die ebenfalls von Ronald H. Coase (1937) sowie von Armen A. Alchian (1961) und Harold Demsetz (1967) begründete Property-Rights-Analyse und der Prinzipal-Agent-Ansatz nach Stephen A. Ross (1973), Michael C. Jensen und William H. Meckling (1976), die allesamt die (neo-)klassische Annahme der universellen Effizienz der Marktkoordination in Frage stellen.

So betont der **Transaktionskostenansatz**, dass der Preismechanismus auf dem Markt in einer komplexen und arbeitsteiligen Gesellschaft nicht kostenlos ist. Vielmehr gibt es Such- und Informationskosten, Aufwendungen, um Verträge abzuschließen, und Kosten für die Kontrolle der Vertragsbedingungen. Wenn man diese Transaktionsaktionskosten in Rechnung stellt, zeigt sich, dass auch hierarchisch organisierte Unternehmen effizient funktionieren und gegenüber dem freien Tausch auf dem Markt aufgrund der in manchen Fällen geringeren Transaktionskosten sogar im Vorteil sein können. Mit dieser Begründung der Existenz von Institutionen beziehungsweise Organisationen im Marktzusammenhang lässt sich eine theoretische Brücke zu den sozialen und politischen Strukturen einer Gesellschaft herstellen. Insofern gibt es zahlreiche Anknüpfungspunkte zu anderen Sozialwissenschaften, die sich ebenfalls mit der Frage beschäftigen, wie sich Institutionen herausbilden, die arbeitsteilige Gesellschaften auf geeignete Weise koordinieren können.

In diesem Zusammenhang macht der **Property-Rights-Ansatz** deutlich, dass die Entwicklung der Institutionen sehr stark von der jeweiligen Struktur der Eigentums- und Verfügungsrechte beeinflusst wird, da jede Ausübung dieser Rechte in der Regel mit Transaktionskosten verbunden ist. Und im **Prinzipal-Agent-Ansatz** wird gezeigt, dass ein großer Teil der Transaktionskosten auf das Prinzipal-Agent-Problem bei vertraglichen Transaktionen zurückzuführen ist, wobei Prinzipal den Vertretenen oder Auftraggeber bezeichnet und Agent den Vertreter, Auftragnehmer, Beauftragten oder Stellvertreter. Typische Beispiele sind die Vertragsverhältnisse zwischen Arbeitgeber und Arbeitnehmer oder Aktionären und Management. Diese Beziehungen sind dadurch gekennzeichnet, dass der Agent (Arbeitnehmer, Management) bestimmte Mittel und Entscheidungsbefugnisse vom Prinzipal (Arbeitgeber, Aktionäre) übertragen bekommt, die er zielgerichtet für bestimmte Aufgaben einsetzen soll. Wenn der Agent aber eigene Ziele verfolgt und Informationsvorsprünge gegenüber dem Prinzipal hat, entstehen »Agency-Probleme«, die Kontroll- und Überwachungskosten verursachen. Aus diesem Sachverhalt wird die Effizienz hierarchischer Kontrolleinrichtungen abgeleitet, die diese Transaktionskosten minimieren können.

Im Kern geht es also in der **Neuen Institutionenökonomie** vor allem darum, mittels rationaler Kosten-Nutzen-Kalküle Vertragsprobleme aufzuzeigen, die mit freiwilligen und dezentralen Tauschbeziehungen verknüpft sind, und daraus die Vorteilhaftigkeit besonderer institutioneller Arrangements oder generell sozialer Regelungen zu folgern. Diese institutionentheoretische Perspektive hat nicht nur in der Ökonomie, sondern auch in den anderen Sozialwissenschaften große Beachtung gefunden (vgl. Maurer/Schmid 2002). Hierbei wird der Begriff der Institution inzwischen sehr weit gefasst. Als Institutionen gelten die formellen und informellen Spielregeln einer Gesellschaft einschließlich des Instrumentariums ihrer Durchsetzung. Mit dieser Perspektive knüpft die Neue Institutionenökonomie an der alten Frage nach der Ordnung der Gesellschaft an und erhebt damit den Anspruch einer allgemeinen Gesellschaftstheorie, die die verschiedenen Felder des Rational-Choice-Ansatzes unter einem Dach versammelt (vgl. Richter/Furubotn 1999). In diesem Zusammenhang sollten allerdings die unterschiedlichen Anwendungsstrategien Beachtung finden.

In Rational-Choice-Untersuchungen lassen sich zwei grundsätzliche **Anwendungsstrategien** identifizieren. Die erste Strategie zielt auf eine *direkte empirische Umsetzung* der Nutzentheorie, insbesondere in Form des SEU-Modells und verwandter sozialpsychologischer Konzepte (wie die »Theorie überlegten Handelns« von Ajzen und Fishbein 1980). Um beispielsweise die vorherrschende Nutzung des Autos statt der umweltverträglicheren Bahn zu erklären, werden die Erwartungen und Präferenzen bezüglich der relevanten Handlungskonsequenzen, wie Flexibilität oder Pünktlichkeit, bei den betroffenen Akteuren direkt erhoben. Auf dieser Grundlage werden die Produktsummen, die subjektiv erwarteten Nutzenwerte beziehungsweise SEU-Werte, für jede der beiden Handlungsalternativen ermittelt. Das Ausgangsproblem gilt als erklärt, wenn auf Grundlage der Nutzentheorie gezeigt werden kann, warum die Personen das Auto gegenüber dem Zug als Verkehrsmittel bevorzugen und über entsprechende Transformationsregeln das kollektive Explanandum abgeleitet werden kann. Solche direkten Anwendungen des SEU-Modells und verwandter werterwartungstheoretischer Konzepte liegen vor allem in der Sozialpsychologie für zahlreiche Problemzusammenhänge vor. Für die Sozialwissenschaften sind insbesondere die Untersuchungen der Arbeitsgruppen um Karl-Dieter Opp zur Erklärung politischer Partizipation und politischen Protests hervorzuheben. Sie zeigen auf hohem Niveau und zugleich auf sehr nachvollziehbare Weise, wie sich Rational Choice in der empirischen Forschungspraxis einsetzen lässt.[1]

Während die direkte Anwendung von Rational Choice in

---

1 Vgl. insbes. Opp u.a. (1984), ders./Roehl, Wolfgang (1990), *Der Tschernobyl-Effekt. Eine Untersuchung über die Ursachen politischen Protests*, Opladen; ders./Voß, Peter/Gern, Christiane (1993), *Die volkseigene Revolution*, Stuttgart; ders. (1997), *Die enttäuschten Revolutionäre: Politisches Engagement vor und nach der Wende*, Opladen.

der Sozialpsychologie dominiert, findet sich diese Vorgehensweise in Politikwissenschaft, Soziologie oder Ökonomie eher selten. Einerseits bestehen große Vorbehalte gegenüber der Möglichkeit, kognitive Variablen wie Bewertungen und Erwartungen gültig und zuverlässig zu messen.[2] Diese Auffassung wird allerdings dem Entwicklungsstand der empirischen Sozialforschung nicht immer gerecht. Andererseits sind direkte Anwendungen von Rational Choice auf sozialwissenschaftliche Problemstellungen in der Regel mit großen Aufwendungen für die empirischen Analysen verbunden. Insbesondere müssen entsprechende Mikrodaten vorliegen, die in der notwendigen Differenzierung häufig nicht verfügbar sind. Die Mehrzahl sozialwissenschaftlicher Untersuchungen auf Basis von Rational Choice beruht daher auf *indirekten Anwendungen,* wie sie in der Ökonomie üblich sind.[3] Diese gehen zumeist von einfachen Zusatzannahmen über die individuellen Parameter aus. Insbesondere werden korrekte Situationswahrnehmungen der Akteure, die ausschließliche Orientierung an »harten« Anreizen sowie die zeitliche Stabilität und interindividuelle Konstanz der Präferenzen unterstellt, die für die untersuchten Handlungszusammenhänge als typisch angenommen werden. Darüber hinaus finden sich oft sehr unkomplizierte Annahmen über die Struktur der Situation, die durch einen hohen Abstraktionsgrad gekennzeichnet sind. Die Argumentation erfolgt dann unter dem Zusatz der »Ceteribus-paribus-Klausel«. Ceteribus paribus bedeutet »unter sonst gleichen Bedingungen«.

---

2 Vgl. z. B. Becker (1993), S. 12 f.; Behrends, Sylke (2001), *Neue Politische Ökonomie,* München, S. 7 f.; Braun, Norman/Franzen, Axel (1995), »Umweltverhalten und Rationalität«, in: *Kölner Zeitschrift für Soziologie und Sozialpsychologie,* 47. Jg., S. 231–248.
3 Vgl. z. B. Diekmann, Andreas (1996), »Homo ÖKOnomicus. Anwendungen und Probleme der Theorie rationalen Handelns«, in: Diekmann, Andreas/Jaeger, Carlo C. (Hg.), *Umweltsoziologie,* Opladen, S. 89–118.

Die restriktiven Annahmen lassen sich kritisieren, aber häufig bieten sie zumindest in einem ersten Schritt eine angemessene und handhabbare Möglichkeit, Makrozusammenhänge auf mikrotheoretischer Basis dazustellen. In der Ökonomie werden solche Anwendungen des Rational-Choice-Ansatzes auch als »Microeconomic Foundations of Macroeconomics« bezeichnet,[4] die vor allem dann von Interesse sind, wenn sie trotz sparsamer Annahmen zu interessanten Schlussfolgerungen kommen. In der Regel arbeitet es sich mit sehr einfachen Annahmen, die durch einen hohen Abstraktionsgrad von der Wirklichkeit gekennzeichnet sind und daher mit wenigen Informationen auskommen, zunächst einmal wesentlich leichter als wenn von vornherein die relevanten Ausschnitte der Wirklichkeit möglichst realistisch erfasst und in die Analysen eingebunden werden. Vor allem sind solche sparsamen Annahmen mathematisch leicht handhabbar, was den Vorzug einer großen Präzision der Argumentation hat. Allerdings bleibt immer zu prüfen, auf welche Situationen solche einfachen mathematischen Modelle überhaupt anwendbar sind. Als eine sinnvolle Strategie wird daher oft die Auffassung vertreten, mit einfachen Annahmen zu beginnen und diese in einem **Prozess der abnehmenden Abstraktion** der Wirklichkeit immer mehr anzunähern, das heißt, die einfachen Annahmen nach und nach empirisch anzureichern.[5]

In vielen Fällen führt diese Perspektive allerdings zu einer Verschiebung des Ziels empirischer Rational-Choice-Anwendungen. Das Ziel der *Erklärung* realer Sachverhalte tritt in den

---

4 Vgl. z. B. Weintraub, E. R. (1977), »The Microeconomic Foundations of Macroeconomics: A Critical Survey«, in: *Journal of Economic Literature*, 15. Jg., S. 1–23.

5 Vgl. z. B. Bartling, Hartwig/Luzius, Franz (2000), *Grundzüge der Volkswirtschaftslehre*, München, 13. Aufl., S. 12 ff.; Lindenberg, Siegwart (1992), »The Method of Decreasing Abstraction«, in: Coleman/Fararo, S. 3–20.

Hintergrund und im Mittelpunkt steht die reine *Prognose* kollektiver Handlungsfolgen. Diese Auffassung geht auf die sehr bekannt gewordene Position des Ökonomen Milton Friedman (1953) zurück, nach der es gar nicht darauf ankomme, ob die zugrunde liegenden Annahmen realistisch sind, sondern darauf, wie genau die Vorhersagen sind. Wenn aber Theorien ausschließlich als Instrumente von Prognosen dienten, dann sei die Frage nach der empirischen Konsistenz der Annahmen unerheblich (»Instrumentalismus«). Es reiche daher aus, so zu tun, *als ob* die Annahmen zutreffen. Empirische Analysen beinhalten dann die Überprüfung der aus den »Als-ob-Annahmen« abgeleiteten Prognosen.

Diese Idee korrespondiert mit den Grundgedanken der »Theorie der offenbarten Präferenzen«. Sie versucht aus dem beobachtbaren Wahlverhalten eine Nutzenfunktion abzuleiten, wobei diese Rekonstruktion der Handlungen als rationales Verhalten in keiner Weise voraussetzt, dass die Akteure tatsächlich auf dieser Grundlage entscheiden und handeln (vgl. Abschnitt 3.3). Eine solche Position erfährt dann Unterstützung, wenn man davon ausgeht, dass die eigentliche Erklärungslast auch in sozialwissenschaftlichen Mehrebenenanalysen Elemente des Handlungskontextes und nicht psychische Faktoren tragen sollten. So sieht es zumindest das **Prinzip der situationslogischen Erklärung** nach Karl R. Popper (1962) vor, das in vielen Rational-Choice-Analysen explizit oder implizit eine wichtige Rolle spielt.[6] Das Besondere an diesem Prinzip ist die methodologische Regel, die Popper als »Methode der logischen und rationalen Rekonstruktion«, »Zero-Methode« oder »objektiv-verstehende Methode« bezeichnet hat, und deren zentra-

---

6 Vgl. Esser (1999), Bd. 1; Schmid, Michael (1996), *Rationalität und Theoriebildung*, Amsterdam/Atlanta; Kunz, Volker (1998) »Anomalien in der handlungstheoretischen Erklärung sozialer Prozesse«, in: Druwe/Kunz, S. 79–125.

les Anliegen darin besteht, ohne wirkliche Kenntnis der individuellen Motivationen und Wahrnehmungen der Akteure faktisches Handeln und seine Konsequenzen zu erklären. Akteure neigen nach dieser Vorstellung durchgehend dazu, situationsangemessen zu handeln, das heißt, sich kontinuierlich an die jeweilige Handlungssituation anzupassen, wobei die Sichtweise des »wohlinformierten« externen Beobachters die Perspektive vorgibt und begründet. Eine solche Position kann als »externalistisch« bezeichnet werden.

In dieser externalistischen Sichtweise liegt die Aufgabe sozialwissenschaftlicher Rational-Choice-Analysen vor allem darin, diejenigen Elemente der Handlungssituation zu bestimmen, nach denen das beobachtete Handeln der Akteure zu ihrer Situation passt und über die Einführung entsprechender Zusatzannahmen als rational verstanden werden kann. Die empirischen Anstrengungen können und sollten sich deshalb auf die »objektiven« Situationsfaktoren beschränken; »die psychologischen Momente [werden] prinzipiell ausgeschaltet und durch objektive Situationselemente ersetzt« (Popper 1962, S. 247). Das Prinzip der Nutzenmaximierung dient damit ausschließlich als ein methodisches Instrument der Situationsrekonstruktion und gilt nicht als empirisches Handlungsgesetz. Diese Auffassung ist eine effiziente Möglichkeit, die Komplexität sozialer Prozesse in den Griff zu bekommen. Sie korrespondiert aber nicht mehr mit dem auf Gesetze abstellenden Status einer Erklärung. Dies ist eine Ursache zahlreicher unterschiedlicher Einschätzungen über den methodologischen Stellenwert der grundlegenden Annahmen im Rational-Choice-Ansatz (vgl. Kunz 1997, S. 24).

Wir wollen diese methodologisch anspruchsvolle Diskussion hier nicht vertiefen und nur auf zwei Vorbehalte gegenüber den instrumentalistischen Anwendungsstrategien von Rational Choice hinweisen, die aus einer empirisch-erklärenden Perspektive genannt werden (vgl. Opp 2002, S. 99f.): Wenn man am Ziel der systematischen Erklärung sozialer Strukturen und Prozesse festhält, gehört zu den Grundbedingungen einer befriedigenden Erklärung, dass die Sätze des Explanans empirisch zutreffend beziehungsweise bewährt sind (vgl. Kapitel 2). Darüber hinaus überträgt sich nach den Regeln der Logik die Wahrheit der Prämissen grundsätzlich auf die Schlussfolgerungen. Im umgekehrten Fall ist dies nicht zwingend: Es ist zwar nicht ausgeschlossen, aus falschen Prämissen wahre Aussagen abzuleiten, aber es ist genauso möglich, dass auch falsche Aussagen abgeleitet werden. Zudem dürfte man in der Regel daran interessiert sein, das Explanandum nicht aus irgendwelchen Annahmen, sondern aus richtigen Annahmen abzuleiten, was insbesondere für praxisrelevante Eingriffe in soziale Handlungsfelder von Bedeutung ist. Es erscheint daher zweckmäßig, die empirische Konsistenz der Annahmen nicht zu vernachlässigen, wenn man an zutreffenden Erklärungen und sozialtechnologischen Anwendungen interessiert ist.[7]

Insofern liegen die pragmatisch begründeten Vorteile der »Als-ob-Methodologie« und »Zero-Methode« im Kontext der indirekten Anwendungsstrategie von Rational Choice vor allem in ihrer heuristischen Funktion, das heißt, sie können dazu beitragen, für den jeweiligen Problemzusammenhang interessante Perspektiven zu eröffnen, die zu einer befriedigenden Erklärung führen können. Diese Funktion sollte nicht unterschätzt werden, da auf diese Weise eine Vielzahl neuer und interessanter Hypothesen gewonnen werden. Eine solche Diskussion ist jedoch nur dann zu führen, wenn es überhaupt um das Ziel der Erklärung geht. Viele Rational-Choice-Analysen verfolgen jedoch von vornherein andere Ziele, weshalb auch die

---

7 Zur Diskussion der unterschiedlichen Positionen, die im Kontext von Rational Choice vertreten werden, vgl. u. a. Arni (1989); Bamberg u. a. (2002), S. S. 77 ff.; Blaug (1991); Druwe/Kunz (1996, 1998); Kunz (1997), S. 139 ff.; Stanley (1985).

Arbeit mit unrealistischen Annahmen ohne Einschränkungen angemessen sein kann. Diese Arbeiten beschäftigen sich damit, **Bedingungskonstellationen** für das Auftreten bestimmter Sachverhalte aufzuzeigen. Im Mittelpunkt stehen also die Fragen »Was wäre wenn ...?« oder »Wann ist es möglich, dass ...?«, aber nicht die Frage »Warum ist etwas der Fall?« (Opp 1979, S. 41 f.). Für manche Autoren liegt in der Beschäftigung mit den beiden erstgenannten Fragen die eigentliche Stärke von Rational Choice.

»Was wäre wenn«-Untersuchungen verbleiben ausschließlich auf der Ebene analytischer Aussagen. Dazu gehören insbesondere Studien zur logischen Analyse kollektiver Entscheidungen, die sich unter den Bezeichnungen »Sozialwahltheorie«, »Social Choice« oder »Collective Choice« finden (vgl. grundlegend Arrow 1951; Black 1958; Sen 1970). Im Mittelpunkt steht die Frage, unter welchen Bedingungen eine konsistente Ableitung von kollektiven aus individuellen Präferenzen möglich ist, was häufig nur unter Verzicht auf einige ziemlich einleuchtende Bedingungen, wie zum Beispiel der Transitivität von Präferenzen, möglich erscheint.

Ebenfalls auf der analytischen Ebene bewegen sich Arbeiten der Politischen Philosophie in Form ökonomischer Vertrags- und Gerechtigkeitstheorien, für die sich in der Literatur auch die Bezeichnungen »Konstitutionelle Politische Ökonomie« oder »New Contractarianism« finden (vgl. grundlegend Buchanan/Tullock 1962; Nozick 1974; Rawls 1971). Eine der zentralen Fragen in diesem Zusammenhang ist die Frage nach Maßstäben für zustimmungsfähige Verteilungsregeln, die ein gerechtes Verhältnis von individueller und kollektiver Wohlfahrt begründen.

Diese Perspektive findet sich auch in der neueren, eng mit der Spieltheorie verbundenen, politikwissenschaftlichen Policy-Forschung, die sich ebenfalls mit der Frage beschäftigt, inwieweit auf der Grundlage bestimmter Annahmen über die Maßstäbe der Verteilungsgerechtigkeit unterschiedliche institutionelle Arrangements zur Lösung von Verteilungsproblemen beitragen.[8] Daher ist zu überlegen, was Gerechtigkeit bedeuten und welche Kriterien der Verteilungsgerechtigkeit es geben kann; ein Problem, das zu der grundsätzlichen Frage nach einer rationalen Begründung ethischer Normen führt.

Der Rational-Choice-Ansatz ist zur Analyse dieser Fragestellung geeignet, weil sich auch die Ethik mit Entscheidungssituationen und Wahlhandlungen beschäftigt. Sie versucht Maßstäbe zu entwickeln, die eine Antwort auf die Frage »Wie sollen Menschen sich verhalten?« geben. Es geht also auch hier um eine Analyse von Entscheidungssituationen, wofür Rational Choice klare und präzise Vorgaben macht. Dabei gehören die Untersuchungen in den Bereich der logischen Analyse, weil Normen analytisch gesetzt und Handlungsmöglichkeiten mittels entscheidungstheoretischer Analysen daraus deduktiv abgeleitet werden. In keiner Weise ist damit der Anspruch verbunden, die Wirklichkeit zutreffend abzubilden und zu erklären (vgl. Druwe 1995, S. 197ff.).

Dieser Sachverhalt trifft auch auf ideengeschichtliche und sozialtheoretische Untersuchungen zur Entstehung sozialer und politischer Ordnung zu. Das mit am intensivsten diskutierte Werk ist in diesem Zusammenhang der *Leviathan* von Thomas Hobbes (zuerst 1651). Zentrales Ziel seiner Überlegungen ist die Klärung des Problems, wie man die Entstehung eines legitimen und stabilen Staates begründen kann, wenn man von nutzenmaximierenden Akteuren ausgeht, die nur an ihrem eigenen Vorteil interessiert sind und in einem Zustand agieren, in dem es keine Normen gibt.

Schließlich ist noch auf präskriptive, das heißt empfehlende und beratende, Anwendungen von Rational Choice hinzuwei-

---

8 Vgl. z.B. Scharpf, Fritz W. (2000), *Interaktionsformen: Akteurzentrierter Institutionalismus in der Politikforschung*, Opladen.

sen, die auf praxisorientierte Anweisungen für optimale Entscheidungen zielen. Hier geht es um die Frage, wie in einer bestimmten Situation auf rationale Weise entschieden werden soll, wenn das Ziel einer Optimierung von Entscheidungsprozessen vorgegeben ist.

Häufig liegt das Problem der Rational-Choice-Anwendungen darin, dass umstritten ist, ob diese als empirisch-erklärende Untersuchungen konkreter Sachverhalte oder als logische Analyse möglicher Bedingungskonstellationen für das Auftreten bestimmter Tatbestände zu interpretieren sind. Dies liegt zu einem großen Teil in einer sehr instrumentalistischen Auffassung von Wissenschaft in Rational-Choice-Analysen begründet, ist aber oft auch auf die Anlage der Arbeiten selbst zurückzuführen, in denen die Argumentation häufig auf beiden Ebenen geführt wird.[9] Dieser Sachverhalt ist weniger ein Problem im Bereich der Analytischen Philosophie und im Erklärungskontext der direkten Anwendungen von Rational Choice, sondern vor allem ein Problem im Zusammenhang der indirekten Anwendungen. Zum Teil sind die Interpretationsprobleme aber auch Folge der historisch verwendeten Methoden. So findet sich etwa bei Hobbes der Hinweis, dass er im Hinblick auf die Ableitung seiner Thesen aus einfachen Grundprinzipien analog zur Geometrie argumentiere (»more geometrico«). Geometrie galt aber zu seiner Zeit als empirische Wissenschaft und nicht wie heute als analytische Wissenschaft (wozu die Mathematik gehört). Die Folge war eine empirische Interpretation seiner Überlegungen, die bis in die Gegenwart die Rezeption des *Leviathan* und nachfolgender Schriften beeinflusst und zu zahlreichen Missverständnissen geführt hat.

Unabhängig von den unterschiedlichen methodologischen Auffassungen, die man vor allem im Zusammenhang mit der

---

9 Vgl. Kliemt, Hartmut (1996), »Rational Choice-Erklärungen?«, in: Druwe/Kunz, S. 83–105; Kunz (1997), S. 139 ff.

instrumentalistischen Vorgehensweise teilen kann, sollte die Diskussion nicht überbewertet werden. In Anbetracht des großen Erkenntnisgewinns durch empirische und analytische Rational-Choice-Untersuchungen treten solche Schwierigkeiten oftmals eher in den Hintergrund. Dies betrifft vor allem den Nachweis, dass sozialer Nutzen nicht aus einem Mechanismus entstehen muss, der eben diesen Nutzen zum Ziel hat. Gewinnbringend sind die Rational-Choice-Analysen vor allem bei der Erkenntnis, dass zahlreiche soziale Zusammenhänge funktionieren können, *obwohl* die Akteure primär nicht am Wohlergehen anderer oder am Gemeinwohl interessiert sind. Die zumeist unvollständige Kontrolle über relevante Ressourcen veranlasst die Akteure in ihrem eigenen Interesse, sich an den Wünschen und Bedürfnissen anderer Akteure zu orientieren, mit ihnen Tauschgeschäfte über knappe Güter abzuschließen und damit kooperative und institutionalisierte Handlungszusammenhänge zu etablieren.[10]

Rational Choice knüpft damit an die Grundthematik der klassischen Ökonomie und schottischen Moralphilosophie im 18. Jahrhundert an, nach der Handlungsmotive und Handlungsfolgen keineswegs immer übereinstimmen (vgl. Kapitel 1). Besonders bekannt geworden sind in diesem Zusammenhang die *Bienenfabel* über die öffentlichen Vorteile privater Laster von Bernhard Mandeville (zuerst 1724), die *Abhandlung über die Geschichte der bürgerlichen Gesellschaft* von Adam Ferguson (zuerst 1767) und in seiner Untersuchung über den *Wohlstand der Nationen* die Metapher der »unsichtbaren Hand« von Adam Smith (zuerst 1776/1789), der damit die Funktionsweise des freien Marktes kennzeichnete. Sowohl bei Mande-

---

10 Diese Perspektive ist grundlegend für die Sozialtheorie Colemans, wobei er die zentralen Elemente seiner Theorie, »Akteure«, »Ressourcen«, »Interessen« und »Kontrolle«, in einer weit gefassten Bedeutung verwendet; vgl. Coleman (1995), Bd. 1, insbes. S. 33 ff.

ville als auch bei Ferguson und Smith wird deutlich, dass kollektive Tatbestände, wie soziale Integration oder wirtschaftlicher Wohlstand, das **Ergebnis nicht-beabsichtigter Handlungsfolgen individueller Handlungen** sind. Dabei ist es gerade das eigennützige Handeln der Individuen, das dazu führt, dass es auf der gesamtgesellschaftlichen Ebene zu solchen positiven Entwicklungen kommt. Umgekehrt können die Akteure natürlich auch mit negativen kollektiven Folgen konfrontiert sein, die sie sich gar nicht gewünscht haben. Den Stau auf der Urlaubsfahrt nach Italien hat sicherlich keiner gewollt; es sind nur alle dem Anreiz des schönen Wetters in Südeuropa gefolgt. Soziale Phänomene sind also das aggregierte Ergebnis nicht intendierter Folgen zielgerichteten Handelns (vgl. Boudon 1979).

Dieser Perspektive folgen die in den nachfolgenden Abschnitten im Mittelpunkt stehenden Arbeiten von Anthony Downs (*An Economic Theory of Democracy*, 1957) und Mancur Olson (*The Logic of Collective Action*, 1965). Sie gehören zu den in verschiedenen sozialwissenschaftlichen Disziplinen am nachhaltigsten rezipierten Rational-Choice-Analysen und sind den indirekten Anwendungen von Rational Choice zuzuordnen. Auf konkrete Kritikpunkte an diesen Arbeiten wird im Abschnitt über die Konstruktion von Brückenannahmen in Rational-Choice-Anwendungen eingegangen. Als bedeutsames Beispiel einer direkten empirischen Anwendung wird zum Abschluss dieses Kapitels der Einsatz von Rational Choice in der Evaluationsforschung vorgestellt.

4.2 Rational Choice und die Analyse demokratischer Prozesse[11]

Die Rational-Choice-Analyse demokratischer Prozesse geht auf den Ökonom Joseph Schumpeter (1883–1950) zurück. Für Schumpeter (1942/1993, S. 428) ist Demokratie eine Methode zur Ordnung politischer Institutionen und zur Erreichung politischer Entscheidungen, »bei welcher einzelne die Entscheidungsbefugnis vermittels eines Konkurrenzkampfes um die Stimmen des Volkes erwerben«. Damit ist die grundlegende Vorstellung verknüpft, dass auch Politik auf Tauschprozessen beruht und entsprechend als Markt aufzufassen ist. Unter einem **politischen Markt** versteht man die Gesamtheit der politischen Beziehungen zwischen den Politikern als Anbietern und den Wählern als Nachfrager politischer Güter – dies sind die politischen Maßnahmen und Programme – in einem bestimmten Raum zu einer bestimmten Zeit.

Die Idee Schumpeters, politische Prozesse als Tausch- beziehungsweise Marktprozesse zu betrachten, wurde in der Folge von Anthony Downs (1957/1968) aufgegriffen und zu einer umfassenden *Economic Theory of Democracy* weiterentwickelt. Ausgangspunkt von Downs (1968, S. 26) sind die Grundannahmen der Nutzentheorie zur Logik der Selektion sowie die zusätzliche Annahme, dass rationalem Verhalten stets eigennützige Absichten zugrunde liegen. Daraus leitet sich ab, dass jeder Politiker seine soziale Funktion primär als Mittel erfüllt, um seine privaten Ziele wie Einkommen, Macht oder Prestige zu erreichen (vgl. Downs 1968, S. 27 ff.). Die kollektiven Akteure auf dem politischen Markt, Parteien und Regierung, werden als Handlungseinheiten betrachtet, die aus Individuen mit gleichartigen Interessen zusammengesetzt sind und daher ebenfalls ihren Eigennutz verfolgen.

---

11 Dieser Abschnitt wurde mit Johannes Marx verfasst.

> Anthony Downs, geboren 1930, gehörte von 1959 bis 1962 der ökonomischen und politikwissenschaftlichen Fakultät der University of Chicago an. Seit 1977 ist Downs als Politik- und Wirtschaftsberater sowie als Dozent tätig. Er ist zudem Senior Fellow der Brookings Institution in Washington D.C., einer privaten Forschungseinrichtung mit einem Schwerpunkt auf Public Policy Studies. Zu seinen Hauptwerken zählt neben der *Economic Theory of Democracy* (1957) – von ihm ursprünglich nur als Entwurf seiner Dissertation vorgesehen – die Arbeit *Inside Bureaucracy* (1967), in deren Mittelpunkt die Wirkungsweise von Ämtern steht.

Die Analyse von Downs beruht auf folgenden Analogien zwischen den Strukturelementen des ökonomischen und politischen Systems: Den Konsumenten im Wirtschaftssystem, die bestimmte Güter nachfragen, entsprechen die Stimmbürger im politischen System. Ihre Nachfrage bezieht sich auf bestimmte politische Maßnahmen oder Programme. Als Anbieter treten entsprechend den gewinnmaximierenden Unternehmern im ökonomischen Sektor die Politiker und Parteien auf. Sie konkurrieren um die Stimmen der Wähler. Hierzu bieten sie analog zu den von den Unternehmen hergestellten Produkten diejenigen Maßnahmen oder Programme an, die von den Konsumenten beziehungsweise Stimmbürgern nachgefragt werden. Genauso wenig wie im ökonomischen System das Angebot von Gütern um seiner selbst willen geschieht, werden auch politische Maßnahmen nicht um ihrer selbst willen angeboten. Das Angebot der Produkte auf dem ökonomischen Markt dient der Gewinnmaximierung und das Angebot auf dem politischen Markt der Stimmenmaximierung. Politiker und Parteien treten daher als Stimmenmaximierer auf, die um politische Ämter konkurrieren (»Office Seeking«-Perspektive), nicht als Akteure, die von sich aus bestimmte Policy-Ziele beziehungsweise politische Inhalte verfolgen (»Policy Seeking«-Perspektive).

Nach Downs geht es also auch in der Politik um den **Tausch von Gütern**. Die Tauscheinheit, welche die Bürger gegenüber der Politik anzubieten haben, ist ihre Wählerstimme. Die Produkte, die sie dafür eintauschen wollen, sind bestimmte, von ihnen präferierte politische Maßnahmen und Programme. Als Markt fungiert die in Demokratien periodisch wiederkehrende Wahl der politischen Akteure. Wie der ökonomische Markt ist auch der politische Markt durch beschränkte Transparenz gekennzeichnet. Kein Konsument und kein Unternehmer verfügt über einen vollständigen Überblick über die Angebots- und Nachfragesituation, weshalb Transaktionskosten auftreten. Darunter fallen – wie vor allem die Arbeiten der Neuen Institutionenökonomie gezeigt haben – Informations- und Suchkosten sowie sonstige Kosten der Marktbenutzung (wie etwa Kontrollkosten, vgl. Abschnitt 4.1). Entsprechend gibt es auch im politischen Bereich unvollständige Information und Informationskosten (siehe unten).

In der Analyse geht Downs allerdings zunächst von sehr einfachen und abstrakten Annahmen aus. Demnach handeln die Akteure unter Sicherheit, das heißt, Stimmbürger und Politiker sind vollständig informiert über die Bedingungen auf dem politischen Markt (die Wähler bezüglich des Angebots an politischen Maßnahmen, die Politiker bezüglich der Nachfrage- und Konkurrenzsituation). Erst zu einem späteren Zeitpunkt seiner Analyse führt Downs als Strukturelement des politischen Marktes die beschränkte Markttransparenz, also die unvollständige Information der Akteure, ein. Außerdem entwickelt er seine Überlegungen zunächst am Beispiel von Zweiparteiensystemen und weitet die Überlegungen dann erst auf Mehrparteiensysteme aus. Das Vorgehen von Downs orientiert sich damit an dem in den Wirtschaftswissenschaften verbreiteten Prinzip der abnehmenden Abstraktion (vgl. Abschnitt 4.1). Auf dieser Grundlage kommt er zu weitreichenden Schlussfolgerungen über das Wahlverhalten, die Verteilung politischer Einflusschancen in einer Gesellschaft, das Verhältnis von Wählern und Parteien, die Struktur und Entwicklung von Parteiensystemen, die Formulierung politischer Programme und die staatliche Ausgabenpolitik. Die Überlegungen verdeutlichen auf beispielhafte Weise die Grundidee der schottischen Moralphilosophie, dass soziale und politische Kollektivphänomene oft das ungeplante Ergebnis absichtsvoller individueller Handlungen darstellen und keineswegs als Ausführung eines übergreifenden Handlungsplanes der beteiligten Akteure zu verstehen sind.

Wir gehen im Folgenden auf die Grundlinien der Argumentation von Downs ein. Die zentralen Punkte der Darstellung orientieren sich an der klassischen **Marktanalyse**:

- die Nachfrage durch Wähler (analog zur Nachfrage durch Konsumenten);
- das Angebot durch Parteien (analog zum Angebot durch Unternehmer);
- Ergebnisse der Transaktionen auf dem politischen Markt und die Entscheidungsfindung der Regierung (analog zum Zusammentreffen von Nachfrage und Angebot auf dem ökonomischen Markt).

Die Nachfrage durch Wähler

Ausgehend von einem Zweiparteiensystem analysiert Downs auf der Nachfrageseite des politischen Marktes das Wahlverhalten als nutzenmaximierendes, rationales Handeln. Hierfür schränkt Downs (1968, S. 7) den Zielbereich dieses Handelns auf wirtschaftliche und politische Ziele ein. Der Wahlakt erfolgt daher ausschließlich im Hinblick auf die Auswahl einer Regierung, die diese Ziele bedient (und beispielsweise nicht zur

Vermeidung eines Ehekrachs). Technisch formuliert, reichert er die Kernannahmen der Nutzentheorie um zusätzliche Annahmen an (vgl. Kapitel 3). Auf dieser Grundlage bestehen für jeden Stimmbürger in einem Zweiparteiensystem genau drei Handlungsalternativen. Er kann die (Regierungs-) Partei A, die (Oppositions-) Partei B oder keine der beiden Parteien wählen und sich damit der Stimme enthalten. Um das Handlungskalkül der Wähler exakt zu erfassen, entwickelt Downs (1968, S. 38) das **Parteiendifferenzial**, das auf der Differenz der erwarteten Werte des Nutzeneinkommens beruht.

Demnach gibt der Wähler seine Stimme derjenigen Partei, die ihm in der kommenden Legislaturperiode den höchsten Nettonutzen verspricht. Hierzu vergleicht er den Wert des (subjektiv) erwarteten Nutzens, den er bei der Wahl von Partei A aufgrund der von A versprochenen Maßnahmen erwartet, mit dem entsprechenden Wert für Partei B. Dabei werden bei der Bewertung der Regierungspartei immer auch die konkreten Leistungen der vergangenen Regierungsperiode berücksichtigt. Wenn die Differenz der beiden Werte positiv ist, wird er Partei A wählen. Fällt die Differenz negativ aus, ist es für ihn rational, Partei B zu wählen. Wenn die Differenz gleich null ist, beide Parteien also in der Summe inhaltlich gleich bewertet werden oder der Wähler ein Parteiendifferenzial mangels Informationen nicht bilden kann, wird er sich enthalten. Unter diesen Bedingungen würde eine Teilnahme an der Wahl nur Kosten verursachen.

Die Nachfrage der Wähler auf dem politischen Markt lässt sich damit als Suche nach denjenigen politischen Maßnahmen und Programmen der Parteien beschreiben, die den individuellen Präferenzen in der beschriebenen Ausprägung am nächsten kommen, also ihren Nutzen maximieren. Ein rationaler Akteur wird diejenige Partei wählen, von deren Programm er erwartet, dass es ihm den größten Nutzen erbringt. Dies gilt in dieser elaborierten Form allerdings nur unter den Bedingungen vollständiger Information über die Ziele und möglichen Folgen der Regierungs- und Oppositionspolitik.

Von zentraler Bedeutung sind die daher die Kosten der Informationsbeschaffung, die unter den üblichen Bedingungen von Unsicherheit und unvollkommener Information entstehen (vgl. Downs 1968, S. 75 ff.). Damit der Wähler unter diesen Bedingungen sein Parteidifferenzial überhaupt bilden kann, muss er Informationen einholen, was mit zeitlichen oder finanziellen Aufwendungen verbunden ist. Die Beschaffung von Informationen unterliegt selbst dem Prinzip der Nutzenmaximierung. Gemäß der Marginalanalyse (vgl. Abschnitt 3.4) wird ein Akteur nur solange zusätzliche Informationen beschaffen, wie der daraus erzielbare Nutzen größer ist als die Kosten, die sich aus der Informationsbeschaffung ergeben. Der Nettonutzen der Informationsbeschaffung ist dann am größten, wenn sich Grenznutzen und Grenzkosten entsprechen, also der Nutzen jeder zusätzlich beschafften Einheit an Informationen den daraus resultierenden Kosten entspricht. Ein rationaler Wähler wird genau diese Menge an Informationen beschaffen.

Vor diesem Hintergrund führt die typische Struktur des politischen Marktes, also die Logik der Situation, allerdings dazu, »dass es für die meisten Bürger irrational ist, politische Informationen für Wahlzwecke zu erwerben«.[12] Diese »**rationale Unwissenheit**« der Stimmbürger resultiert daraus, dass es für sie keinen Anreiz gibt, gut informiert zu sein. Denn der Nutzen vieler und guter Informationen ist für die Wahlentscheidung des einzelnen Akteurs von sehr geringer Bedeutung, da seiner Stimme innerhalb des Elektorats kaum Gewicht zukommt. Dieser Sachverhalt hat auf der kollektiven Ebene den parado-

---

12 Downs, Anthony (1974), »Eine ökonomische Theorie des politischen Handelns in der Demokratie«, S. 134, in: Widmaier, Hans-Peter (Hg.), *Politische Ökonomie des Wohlfahrtsstaates*, Frankfurt/Main, S. 121–139.

xen Effekt, dass gut informierte Stimmbürger zwar Voraussetzung einer responsiven Politik sind, die sich an den Interessen der Mehrheit ausrichtet, die individuelle Rationalität aber dazu führt, dass genau diese Politik nicht realisiert wird; in den Worten von Downs: »Sich gut zu informieren erweist sich kollektiv zwar als rational, individuell jedoch als irrational« (ebenda, S. 136).

Diese Auswirkungen der Unvollkommenheit der Information betreffen aber nicht alle Bürger gleichermaßen. Aufgrund der Ungewissheit sind die Parteien auf so genannte »Vermittler« angewiesen, die ihnen Informationen über die Verteilung der Wählerpräferenzen zur Verfügung stellen können. Solche Vermittler von Informationen sind insbesondere Vertreter von Interessengruppen. Deren Eigeninteresse führt dazu, »dass sie einen Einfluss auf die Gestaltung der Politik [erhalten], der größer ist als ihr rein zahlenmäßiger Anteil an der Bevölkerung« (Downs 1968, S. 92). Weil die Gewinnung der Informationen aber selbst ihren Preis hat, kommt es dazu, »dass die ungleiche Verteilung des Einkommens, der sozialen Stellung und des Einflusses – alle unvermeidlich in jeder Wirtschaft mit hoch entwickelter Arbeitsteilung – auf ein Gebiet übergreift, auf dem eigentlich nur die gleiche Verteilung der Stimmen regieren sollte« (Downs 1968, S. 91 f.).

Darüber hinaus entsteht unter den Bedingungen unvollkommener Information eine Nachfrage der Stimmbürger nach Ideologien. Ideologien versteht Downs (1968, S. 93) »als sprachliches Bild der idealen Gesellschaft und der wichtigsten Mittel, die zum Aufbau einer solchen Gesellschaft nötig sind«. Die Mittel zur Verwirklichung der idealen Vorstellungen sind die politischen Maßnahmen und Programme. Ideologien erleichtern die Entscheidungsfindung des Wählers, weil sie von der zur Bildung des Parteiendifferenzials notwendigen Analyse der komplexen Partei- und Wahlprogramme entlasten. Sie vermitteln die zentralen Standpunkte der Parteien auf einfache Weise.

Der Wähler braucht daher keine aufwändige Informationssuche mehr zu betreiben. Damit vermeidet er Kosten, weshalb ein nutzenmaximierender Wähler seine Entscheidung an Ideologien festmacht und sich nicht sorgfältig und aufwändig informiert. Die Nachfrage nach Ideologien resultiert also – ganz im Gegensatz zu den üblichen Annahmen der politischen Soziologie – nicht aus einem mehr oder weniger irrationalen Verhalten der Bürger, sondern die Existenz von Ideologien ergibt sich nach Downs aus dem rationalen, nutzenmaximierenden Handeln der Akteure unter Unsicherheit. Die Wahlentscheidung folgt daher dem »Ideologiedifferential« (Downs 1968, S. 96).

Das Angebot durch Parteien

Das Angebot auf dem politischen Markt wird von den politischen Parteien bestimmt. Parteien sind nach Downs ein Zusammenschluss von Menschen mit gleichartigen Zielen und handeln ebenfalls nach dem Prinzip der Nutzenmaximierung. Nutzenmaximierung bedeutet in diesem Fall **Stimmenmaximierung**, das heißt, »Parteien treten mit politischen Konzepten hervor, um Wahlen zu gewinnen; sie gewinnen nicht die Wahlen, um mit politischen Konzepten hervortreten zu können« (Downs 1968, S. 27f.). Die politischen Maßnahmen und Programme müssen sich daher notwendigerweise nach den Interessen und Wünschen der Bürger richten. Ein solches gemeinwohlorientiertes Angebot gibt es also nicht deshalb, weil es den Politikern um die gesellschaftliche Wohlfahrt geht, sondern weil diese Angebote für sie ein geeignetes Mittel zur Erfüllung ihrer privaten Ambitionen (wie Prestige oder Einkommen) darstellen. Diese privaten Ziele erreichen sie dann, wenn sie die Mehrheit der Wähler hinter sich bringen und in ein politisches Amt gewählt werden.

Die Unvollkommenheit der Information führt auch auf der Angebotsseite zum Einsatz politischer Ideologien. Die Politiker kennen die Präferenzen der Wähler nicht genau, und die Wähler sind zahlreich. Daher wird das Angebot an politischen Maßnahmen nur selten mit den Präferenzen der Wähler genau übereinstimmen. Um dennoch möglichst viele Wähler anzusprechen, werden die Programme so gestaltet, dass sie möglichst allgemein sind. Dieses Bestreben und das Anliegen der Wähler, ihre Informationskosten zu reduzieren, führen dazu, dass die Parteien ihre Programme in Form von Ideologien anbieten (vgl. Downs 1968, S. 93 ff.). Sie werden aufgrund der Unvollkommenheit der Information über die konkreten Bedingungen auf dem politischen Markt allerdings keine identischen Angebote formulieren.

Ergebnisse der Transaktionen auf dem politischen Markt und die Entscheidungsfindung der Regierung

Auf dem politischen Markt treffen Nachfrage und Angebot zusammen. Downs hat dieses Zusammentreffen in einem **räumlichen Modell der Parteienkonkurrenz** dargestellt, das die Ergebnisse der politischen Transaktionen zusammenfasst. Dabei geht Downs (1968, S. 112) davon aus, dass sich die politischen Präferenzen der Wähler und die ideologischen Angebote der Parteien durch ihre jeweilige Positionierung auf der Rechts-Links-Skala unterscheiden. Der Hauptunterschied zwischen den beiden Polen liegt in der Frage, wie stark die Regierung in die Wirtschaft eingreifen soll (eine »linke Ideologie« bedeutet staatliche Lenkung der Wirtschaft und umfassende wohlfahrtsstaatliche Politik zur Sicherung der individuellen Lebensführung unabhängig vom Markt; eine »rechte Ideologie« bedeutet freie Marktwirtschaft und Akzeptanz auch großer Einkommensungleichheiten). Unter der Annahme einer (oft plausiblen) eingipfligen Normalverteilung der Wählerpräferenzen auf dem Rechts-Links-Kontinuum kommt Downs (1968, S. 113 ff.) zu der Schlussfolgerung, dass die Parteien sich zwangsläufig ideo-

Abbildung 4-1: Ideologische Konvergenz im Zweiparteiensystem

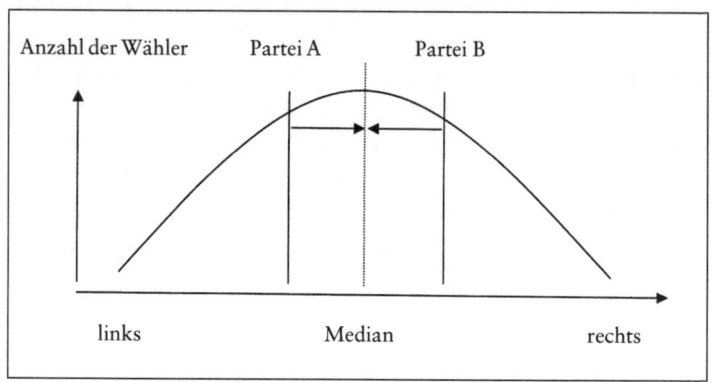

logisch annähern. Abbildung 4-1 stellt diesen Zusammenhang beispielhaft für die Verhältnisse im Zweiparteiensystem dar.

Partei A hat ihren ursprünglichen ideologischen Standort deutlich links und Partei B deutlich rechts der Mitte. Ziel beider Parteien ist es, die größtmögliche Anzahl der Wählerstimmen auf sich zu vereinen. Bei der gegebenen Situation besteht daher ein klarer Anreiz, sich auf die stimmenträchtige Mitte zu konzentrieren. Verschieben die Parteien ihren Standort in diese Richtung, ist der Stimmengewinn für jede Partei größer als der mögliche Stimmenverlust an den jeweiligen Rändern. In Parteiensystemen, die in dieser Struktur beschrieben werden können, werden sich die Ideologien und Programme der Parteien deshalb einander angleichen. Da die Parteien aus Furcht vor dem Verlust ihrer Glaubwürdigkeit (vgl. Downs 1968, S. 100 ff.) davor zurückschrecken, sich ideologisch zu überspringen, werden die Parteien grundsätzlich den Median anvisieren. Dies ist der Punkt, der die Wählerverteilung in zwei gleich große Hälften teilt. Die Logik der Situation führt also unter der Annahme der Stimmenmaximierung zu einer Angleichung der Parteiideologien um die Präferenzposition des **Medianwählers** (»Medianwähler-Theorem«). Lediglich die Unsicherheit über die genaue Position des Medianwählers und die Angst vor dem Verlust extremistischer Wählerstimmen an den äußersten Rändern wird die Parteien davor zurückhalten, identische Programme anzubieten (vgl. Downs 1968, S. 112 ff.).

Eine Regierung, die auf dieser Grundlage operiert, wird auch in ihrer Ausgabenpolitik die Position des Medianwählers möglichst umfassend berücksichtigen, wie sich aus der Anwendung der Marginalanalyse ergibt: »Weil die Regierung ... die ihr von den Wählern gegebene Unterstützung zu maximieren sucht, tätigt sie jene Ausgaben, die ihr die meisten Stimmen einbringen werden, und zwar mit Hilfe jener Finanzierungsmaßnahmen, die sie die wenigsten Stimmen kosten. Mit anderen Worten: die Ausgaben werden solange gesteigert, bis der durch die letzte ausgegebene Geldeinheit erreichte Stimmengewinn dem Stimmenverlust gleich ist, der durch die letzte, aus den staatlichen Finanzquellen entnommene Geldeinheit verursacht wird.« (Downs 1968, S. 50) Der Punkt, an dem diese Grenzkosten gleich dem Grenznutzen, also dem Grenzstimmengewinn, sind, ist unter den beschriebenen Voraussetzungen die Position des Medianwählers.

Insgesamt sind also die Regierungspolitik und die Struktur des Parteiensystems von der Verteilung der Wählerpräferenzen abhängig. Wenn es in der Gesellschaft mehrere ähnliche starke Interessen gibt, also eine mehrgipflige Präferenzverteilung vorliegt, wird es so viele Parteien geben, wie Präferenzgipfel existieren, und die Regierung in Koalitionen eingebunden sein, in denen komplizierte Tauschgeschäft die Politik bestimmen. Dies gilt zumindest unter den Bedingungen des Verhältniswahlsystems (vgl. Downs 1968, S. 120 ff.).

Die zentrale Leistung von Downs besteht darin, dass er auf der Grundlage einfacher Annahmen über die Logik der Situation in Massendemokratien zeigen kann, dass sich die gesellschaftliche Aufgabe der Politik, allgemein verbindliche Entscheidungen zu treffen und Gesetze zu erlassen, als das Ergebnis einer eigennützigen Nutzenmaximierung der Akteure im politischen System darstellen lässt. Die Ausrichtung an der Stimmenmaximierung führt darüber hinaus unter bestimmten Bedingungen dazu, dass sich die Parteien zu umfassenden Volksparteien entwickeln, die in ihren Programmen immer ähnlicher werden. Diese politischen Prozesse sind das **nicht intendierte Nebenprodukt** rationaler politischer Akteure. Ebenso lassen sich die Existenz von Ideologien, das Übergewicht schlecht informierter Wähler und die Neigung von Regierungen, einige Wähler trotz des grundlegenden Prinzips des allgemeinen Wahlrechts wichtiger anzusehen als andere, darauf zurückführen, dass sie auf nutzenmaximierenden Entscheidungen der betreffenden Akteure beruhen. Diese Bedingungen sind also keineswegs das Produkt irrationaler politischer Verhaltensweisen.

Vor diesem Hintergrund hat die *Economic Theory of Democracy* die Analyse politischer Prozesse in vielfältiger Hinsicht beeinflusst. Sie bildet die Basis für Untersuchungen über die Bestimmungsfaktoren der wohlfahrtsstaatlichen Politik, die Gestaltungsmuster in der Steuer-, Bildungs-, Umwelt- oder Drogenpolitik, die Determinanten des Wahlverhaltens oder die Entstehung und den Niedergang von Parteien.[13] In vielen Fällen scheinen diese Untersuchungen sehr erklärungskräftig zu sein; es hat sich aber auch gezeigt, dass Downs oft von zu einfachen Annahmen ausgeht, die die politischen Strukturen und Prozesse nur unzureichend erfassen. Das zentrale Problem der Überlegungen von Downs besteht vor allem darin, dass er nicht zeigen

---

13 Vgl. z.B. Franke (2000); Fuchs, Dieter/Kühnel, Steffen (1994), »Wählen als rationales Handeln«, in: Klingemann, Hans-Dieter/Kaase, Max (Hg.), *Wahlen und Wähler. Analysen aus Anlass der Bundestagswahl 1990*, Opladen, S. 305–364.

kann, warum sich so viele Menschen überhaupt an der Politik beteiligen und zur Wahl gehen. Es handelt sich hierbei um ein Problem kollektiven Handelns. Derartige Probleme sind von Mancur Olson ausführlich analysiert worden. Hierauf geht der folgende Abschnitt detailliert ein.

4.3 Rational Choice und die Analyse kollektiven Handelns[14]

Zu den Forschungsfragen, die im Mittelpunkt von Rational Choice stehen, gehört das Problem gesellschaftlicher Kooperation: Unter welchen Umständen sind Akteure bereit, miteinander zu kooperieren? Die Frage ist von großer praktischer Relevanz, weil gemeinsame Interessen wie zum Beispiel der Umweltschutz häufig nicht oder nur in Ansätzen realisiert werden. Besonders bekannt geworden ist in diesem Zusammenhang die Studie von Mancur Olson *The Logic of Collective Action* (1965/1998). Wir werden in zwei Schritten vorgehen:

- Zunächst werden die Problematik und die zentralen Grundannahmen Olsons dargestellt.
- Auf dieser Grundlage werden die Überlegungen im Rahmen des struktur-individualistischen Ansatzes mit Bezug auf das SEU-Modell als nomologischen Kern für ein konkretes Beispiel rekonstruiert.

Mancur Olson (1932–1998) lernte Ende der sechziger Jahre als hochrangiger Mitarbeiter im Ministerium für Gesundheit und Soziales den Lobbyismus – eines seiner

---

14 Dieser Abschnitt wurde mit Kerstin Heydenreich verfasst.

> Forschungsfelder – von der praktischen Seite kennen. Er hatte ab 1969 einen Lehrstuhl für Ökonomie an der University of Maryland inne und wurde 1991 Direktor des dort angesiedelten Center on Institutional Reform and the Informal Sector (IRIS). Zu seinen Hauptwerken zählt neben der *Logic of Collective Action* (1965) die Arbeit *The Rise and Decline of Nations* (1982, dt. *Aufstieg und Niedergang der Nationen*, 1985). Er wendet darin die im Rahmen der *Theorie kollektiven Handelns* entwickelten Überlegungen auf die Verhaltensweisen von Interessengruppen und ihre Auswirkungen auf die wirtschaftliche Entwicklung in demokratischen Gesellschaften an. Sein zuletzt erschienenes und kurz vor seinem Tod fertig gestelltes Buch *Power and Prosperity* (2000) beschäftigt sich stärker als seine vorangegangenen Schriften mit staatlichen Akteuren und deren Einfluss auf die wirtschaftliche Entwicklung.

Grundannahmen

Die Logik kollektiven Handelns von Olson gehört zu den interessantesten Anwendungen von Rational Choice. Olsons Überlegungen führen in verschiedenen sozialwissenschaftlichen Disziplinen immer wieder zu Diskussionen, da sie sich mit einer der wichtigsten grundlegenden Fragestellungen der Sozialwissenschaften beschäftigen, nämlich dem Zusammenwirken von Individuum und Gesellschaft. Bereits die spieltheoretischen Überlegungen zum Gefangenendilemma haben gezeigt, dass soziale Kooperation unter bestimmten Bedingungen keineswegs als selbstverständlich vorausgesetzt werden kann, da ein Akteur in Erwartung eines Kooperationsgewinnes eine Vorleistung erbringen müsste, zu diesem Zeitpunkt aber nicht weiß, ob der andere Akteur diese Vorleistung ausbeuten wird oder ihr kooperativ begegnet (vgl. Kapitel 3).

Wenn man diese Situation auf mehr als zwei Akteure erweitert und gesellschaftliche Verhältnisse in den Blick nimmt, entstehen soziale Dilemmata. Zum Beispiel können gemeinschaftliche Ziele wie der Schutz und die Verbesserung der natürlichen Umwelt nur erreicht werden, wenn alle Bürger bereit sind, entsprechende Mühen auf sich zu nehmen und sich umweltverträglich zu verhalten. Wenn sie es tun, geht es allen besser, wenn sich niemand für die Umwelt engagiert, geht es allen schlechter. Am besten aber stellt sich der einzelne Akteur, wenn alle anderen die Kosten auf sich nehmen und sich in ihrem Handeln für die Umwelt einsetzen und er nicht. Zudem kann der Einzelne hier oft nur wenig oder fast nichts bewirken. Wenn jeder so denkt, ist dies für die Gesellschaft mit negativen Auswirkungen verknüpft.

Solche Dilemmastrukturen sind also dadurch gekennzeichnet, dass die Interessen der Akteure sowohl einander entgegengesetzt als auch einander ergänzend sind. Sie ergänzen sich im Hinblick auf das gemeinsame Interesse an einer Kooperation, das sich aus dem Wunsch nach Durchsetzung allgemeiner gesellschaftlicher Ziele herleitet; sie sind entgegengesetzt im Hinblick auf die Verteilung der Kosten der Kooperation. Die aus dieser Situation resultierenden Handlungsanreize für die Akteure verhindern die unmittelbare Realisierung des gemeinsamen Interesses. Diese Art der Interessenkonflikte bildet den Kern der Untersuchung von Olson zur Logik kollektiven Handelns.

Ausgangspunkt Olsons ist das Konzept des **Kollektivgutes** beziehungsweise des öffentlichen Gutes. Ein Kollektivgut bezeichnet ein Gut, »das den anderen Personen in einer Gruppe praktisch nicht vorenthalten werden kann, wenn irgendeine Person X_i in einer Gruppe $X_1, \ldots X_i, \ldots X_n$ es konsumiert. Mit anderen Worten, denjenigen, die von dem öffentlichen oder kollektiven Gut weder etwas kaufen noch dafür bezahlen, kann man es weder vorenthalten, noch kann man ihnen seinen Konsum verwehren, wie man das bei nicht-kollektiven Gütern kann.« (Olson 1998, S. 13 f.) Diese Definition zielt auf zwei zentrale Eigenschaften von Kollektivgütern: Erstens wird festgelegt, dass sich Kollektivgüter immer nur auf eine bestimmte Gruppe beziehen, das heißt zum Beispiel, dass eine saubere Umwelt nur für diejenigen als Kollektivgut gilt, die auch ein Interesse an diesem Gut haben. Zweitens gilt für Kollektivgüter das Nicht-Ausschlussprinzip, was bedeutet, dass keinem die Nutzung des kollektiven Gutes verwehrt werden kann, auch nicht jenen, die sich an der Erstellung des betreffenden Gutes nicht beteiligt und somit keine Kosten für die Produktion des kollektiven Gutes übernommen haben. So kann keiner von dem Genuss oder Konsum einer sauberen Umwelt ausgeschlossen werden, auch wenn er sich nicht für den Schutz und die Verbesserung der Umwelt eingesetzt hat. Dieses Problem stellt sich bei Individualgütern nicht; wer zum Beispiel den Preis für ein Brot nicht bezahlt, bekommt das Brot nicht.

Die Produktion von Kollektivgütern ist ein Problem sozialer Kooperation, das in Politik und Gesellschaft häufig auftritt: Der Bau einer Umgehungsstraße, der Abbau der Arbeitslosigkeit, die Einschränkung der negativen Folgen der Globalisierung oder der Schutz der natürlichen Umwelt sind Beispiele für die Erstellung von Kollektivgütern. Sie zielen immer auf die Verwirklichung eines mit anderen Akteuren geteilten Interesses, von dem, falls es verwirklicht wird, man auch profitieren kann, wenn man sich hierfür nicht engagiert hat (zum Beispiel in Form aufwändiger Petitionen und Proteste, des Kaufs teurer ökologischer Produkte aus Dritte-Welt-Ländern, zeitraubender Abfallvermeidung oder der Nutzung unbequemer öffentlicher Verkehrsmittel). Das gemeinsame Interesse einer Vielzahl von Akteuren an einer Sache muss daher keineswegs bedeuten, dass sie sich hierfür einsetzen. Auch aus der strukturanalogen

Perspektive des Gefangenendilemmas stellt sich, wie beschrieben, eine kooperative Strategie, die die Produktion kollektiver Güter und damit das kollektiv günstigste Ergebnis sicherstellen würde, keineswegs automatisch ein. Hierzu bedarf es vielmehr bestimmter Produktions- oder Kooperationsmechanismen, die sich nach Olson (1998, S. 21 ff.) zwischen Gruppen unterschiedlicher Größe unterscheiden. Dabei besteht eine eindeutige Beziehung zwischen der Größe einer Interessengruppe und dem Anreiz für den Einzelnen, zur Erreichung der Gruppenziele beizutragen.

In kleinen Gruppen ist der Beitrag des einzelnen Akteurs zur Erstellung des Kollektivgutes für alle anderen Akteure sichtbar, weshalb sozialer Druck und soziale Anerkennung einen Anreiz für kooperatives Verhalten bieten. Die Verweigerung des Beitrags zur Realisierung des gemeinsamen Interesses, also der Bereitstellung des Kollektivgutes, würde direkt auffallen und zu Konflikten mit den anderen Gruppenmitgliedern führen. Auf der anderen Seite wird ein entsprechendes Engagement die persönliche Reputation fördern. Diese Faktoren können hier im Unterschied zum einmalig gespielten Gefangenendilemma deshalb ihre Wirkung entfalten, weil die Interdependenzbeziehungen prinzipiell auf unbestimmte Dauer angelegt sind. Darüber hinaus werden einzelne Gruppenmitglieder möglicherweise feststellen, dass es sich für sie selbst lohnt, das Kollektivgut zu produzieren, selbst wenn sie die Kosten hierfür alleine tragen müssen: In kleinen Gruppen kann der Nutzen eines einzelnen Akteurs aus dem Kollektivgut so groß sein, dass er die eigenen Kosten der Produktion übersteigt (vgl. Olson 1998, S. 32).

In großen Gruppen sind diese Kooperationsvorteile nicht gegeben. Unter diesen Bedingungen sind die eigenen Bemühungen zur Verwirklichung des gemeinsamen Interesses, also zur Bereitstellung des Kollektivgutes, kaum offensichtlich und auch nur von geringer oder gar keiner Bedeutung (vgl. Olson

1998, S. 44). Wenn aber die Handlung des Einzelnen in großen Gruppen kaum wahrgenommen wird und der Beitrag des Einzelnen für die Herstellung des Kollektivgutes kein großes Gewicht hat, dann ist es rational, sich daran nicht zu beteiligen und als **Trittbrettfahrer** (»free rider«) zu agieren. Denn erstens entstehen knappheitsbedingte Kosten – zumindest die erforderliche Zeit lässt sich immer auch für andere Tätigkeiten verwenden –, und zweitens kann man von dem Kollektivgut sowieso nicht ausgeschlossen werden. Wenn jeder so denkt, kommt kein kollektives Handeln zustande beziehungsweise das gemeinsame Interesse wird nicht verwirklicht.

Auf Grundlage dieser Überlegungen kommt Olson (1998, S. 33) zu der zentralen Annahme, je größer die Gruppe, umso weniger wird sie ihre gemeinsamen Interessen fördern. Olson selbst bietet eine Lösungsmöglichkeit für das soziale Dilemma in großen Gruppen an: Mittels besonderer **selektiver Anreize** (»selective incentives«) lassen sich die Gruppenmitglieder zur Durchsetzung des gemeinsamen Interesses beziehungsweise zur Beteiligung an der Bereitstellung des Kollektivgutes bewegen. Der Einsatz selektiver Anreize verändert die Logik der Situation für die betroffenen Akteure, da diese nicht wie das Kollektivgut unterschiedslos auf die Gruppe als Ganzes wirken, sondern selektiv auf die einzelnen Mitglieder. Sie vergrößern den individuellen Nutzen bei einem Engagement für die gemeinsamen Ziele oder erhöhen die Kosten im Fall des Trittbrettfahrens, »indem sie entweder dadurch Zwang ausüben, dass sie jene bestrafen, die einen ihnen zugewiesenen Anteil der Lasten der Gruppentätigkeit nicht tragen, oder sie können positive Anreize sein, die denen geboten werden, die im Interesse der Gruppe handeln« (Olson 1998, S. 50).

Selektive Anreize verändern also die Wahlsituationen der Akteure so, dass die Beteiligung an der Bereitstellung des Kollektivgutes in ihrem unmittelbaren individuellen Interesse liegt. In großen Gruppen wirken nach Olson neben (zum Beispiel gesetzlichem) Zwang vor allem materielle und finanzielle Anreize. Die Akteure beteiligen sich an kollektiven Prozessen also nicht, um das gemeinsame Ziel zu fördern, sondern es müssen andere Vorteile vorliegen, zum Beispiel Versicherungsangebote bei einer Mitgliedschaft in der Gewerkschaft oder im ADAC. Dies ist nach Olson die zentrale Lösung, die konfligierenden individuellen und kollektiven Interessen in großen Gruppen auszugleichen. Der notwendige Einsatz selektiver Anreize hat zur Folge, dass die Verwirklichung kollektiver Ziele letztlich zu einem Nebenprodukt der Erzeugung solcher individuellen Güter wird (vgl. Olson 1998, S. 49 f., S. 130 ff.).

Mit dieser Argumentation lässt sich auch das von Olson nicht näher erläuterte Problem auflösen, wie die Lösung des Trittbrettfahrerproblems in großen Gruppen über selektive Anreize überhaupt funktionieren kann. Denn die Verfügbarkeit und Anwendung selektiver Anreize setzt die Existenz einer Organisation voraus, die diese Anreize produziert und verteilt. Die Bereitschaft, in solchen Organisationen mitzuarbeiten, hängt selbst wiederum von selektiven Anreizen ab, in diesem Fall von **Positionsgütern** wie Führungspositionen. Die bemerkenswerte Konsequenz ist, dass jede Gruppe oder Gesellschaft ungleicher wird, sobald sie versucht, Kollektivgüter zu beschaffen.[15]

Rekonstruktion anhand eines Beispiels

Im Folgenden sollen die zentralen Argumente Olsons zur Erklärung kollektiven Handelns für ein konkretes Beispiel auf Grundlage des SEU-Modells und mit explizitem Bezug auf den struktur-individualistischen Ansatz rekonstruiert werden. Im zweiten Kapitel wurde der struktur-individualistische Ansatz als ein Mehrebenenkonzept zur Analyse kollektiver Tatbestände dargestellt, das auf drei so genannte »Logiken« Bezug

---

15 Vgl. Weede, Erich (1986), *Konfliktforschung,* Opladen, S. 47 ff.

nimmt: Die Logik der Situation stellt den Bezug zwischen den sozialen Strukturen und der individuellen Mikroebene her: Wie nehmen die Akteure ihre Situation wahr? Die Logik der Selektion zielt auf die Erklärung der ausgeführten Handlungen: Welche der verfügbaren Handlungsalternativen wird ausgewählt und realisiert? Die Logik der Aggregation verknüpft diese individuellen Entscheidungen und Handlungen mit den eigentlich interessierenden kollektiven Ereignissen. Unter der Voraussetzung rationalen Handelns, nach dem die Akteure diejenige Handlungsalternative wählen, die ihren persönlichen Nutzen maximiert, wurde im dritten Kapitel das SEU-Modell als das wichtigste Entscheidungsmodell zur formalen Analyse der Logik der Selektion eingeführt.

Olson zielt im Kern auf die Klärung der Frage, warum kollektive Güter in großen Gruppen nicht automatisch erbracht werden, obwohl die Akteure ein originäres Interesse daran haben. Der zu erklärende Tatbestand ergibt sich aus dem geringen Engagement der Menschen zur Realisierung des Kollektivgutes. Als Beispiel für ein Kollektivgut betrachten wir den Schutz und die Verbesserung der natürlichen Umwelt. Akteure sind alle Mitglieder einer Gruppe im Sinne Olsons. Dies sind im hier gewählten Beispiel alle Mitglieder der (deutschen) Gesellschaft, die ein Interesse am Schutz der natürlichen Umwelt haben. Dieses Ziel teilt eine Vielzahl von Menschen, deren Verhalten aber häufig eher umweltschädigend ist. Beispielsweise fahren sehr viele Personen mit dem eigenen Auto statt mit den öffentlichen Verkehrsmitteln. Dieses Beispiel der Verkehrsmittelwahl liegt den weiteren Überlegungen zugrunde. Nach Olson gilt für die Mikroebene die Kernannahme nutzenmaximierenden Handelns unter der zusätzlichen Bedingung eigennütziger Motive, das heißt, der Nutzen, den eine bestimmte Handlung und deren Konsequenzen für einen Akteur haben, ist unabhängig von dem Nutzen dieser Handlung und ihrer Konsequenzen für andere Akteure.

Der nomologische Kern zur Erklärung des kollektiven Tatbestandes befindet sich also entsprechend des strukturell-individualistischen Ansatzes auf der Ebene der **Logik der Selektion**. Nach dem SEU-Modell wird ein Akteur genau dann einen Beitrag zur Produktion des Kollektivgutes (Schutz und Verbesserung der natürlichen Umwelt) leisten (H_B), wenn der Nettonutzen für diese Handlung größer ist als der Nettonutzen der Alternative, sich nicht zu beteiligen (H_{NB}): $SEU(H_B) > SEU(H_{NB})$, wobei der SEU-Wert als Produktsumme der Erwartungen des Auftretens der perzipierten Handlungskonsequenzen und ihrer Bewertung, also ihren positiven oder negativen Nutzen, definiert ist.

Der handlungstheoretische Kern legt damit fest, wonach im Rahmen der **Logik der Situation** zu suchen ist, das heißt, es sind die konkreten Handlungsalternativen und die erwarteten Handlungskonsequenzen zu ermitteln. Im genannten Beispiel bestehen die Handlungsoptionen in der Nutzung öffentlicher Verkehrsmittel (umweltfreundliches Verhalten) und der Nutzung des eigenen Autos (umweltschädigendes Verhalten). Als mögliche Handlungsfolgen werden die Produktion des Kollektivgutes »Schutz und Verbesserung der natürlichen Umwelt« (K_1) oder die mangelnde Realisierung dieses Kollektivgutes (K_2) sowie die persönlichen Konsequenzen, die mit der unmittelbaren Ausführung der Handlung verbunden sind, betrachtet. Bei den derzeit gegebenen Bedingungen kann man von der Brückenannahme ausgehen, dass die Nutzung des eigenen Autos für die meisten Akteure in der Regel bequemer und billiger ist als die Nutzung öffentlicher Verkehrsmittel. Im Sinne einer vereinfachten Darstellung werden beide Aspekte zusammengefasst und als eine Konsequenz betrachtet (der Besitz eines eigenen Autos wird vorausgesetzt). Diese persönliche Konsequenz soll ebenfalls zwei Ausprägungen annehmen: Zeit und Geld sparen (K_3) oder keine Zeit und kein Geld sparen (K_4). Jeder der genannten Ausprägungen werden Nutzen und

Wahrscheinlichkeiten zugeordnet, womit sich folgende Verhaltensgleichungen ergeben (die Messungen der Nutzenwerte und Wahrscheinlichkeiten können auf normierten Skalen von 0 bis 1 erfolgen):

(1) $SEU(H_B) = p_{B1} * U_1 + p_{B2} * U_2 + p_{B3} * U_3 + p_{B4} * U_4$
(2) $SEU(H_{NB}) = p_{NB1} * U_1 + p_{NB2} * U_2 + p_{NB3} * U_3 + p_{NB4} * U_4$

Nach Olson gilt $U_1 > U_2$, das heißt, der Nutzen der Realisierung der gemeinsamen Ziele, also des Schutzes und der Verbesserung der natürlichen Umwelt, ist für jedes Gruppenmitglied größer als der Nutzen bei einer Vernachlässigung dieser Ziele. Die Nutzenwerte sind unabhängig davon, welche der beiden Handlungsalternativen gewählt wird. Die Wahrscheinlichkeiten p_{B1} bzw. p_{B2} zeigen an, inwieweit die Ausführung der Handlung H_B (Beteiligung an der Kollektivgutproduktion) nach der subjektiven Einschätzung des Akteurs die Konsequenzen K_1 (Bereitstellung des Kollektivgutes) bzw. K_2 (Nichtbereitstellung des Kollektivgutes) beeinflusst. Da sich beide Handlungskonsequenzen gegenseitig ausschließen, ergeben beide Wahrscheinlichkeiten in der Summe den Wert 1, so dass gilt: $p_{B2} = 1 - p_{B1}$. Dieser Sachverhalt gilt gleichermaßen für die korrespondierenden Wahrscheinlichkeiten, die mit der zweiten Handlungsalternative verbunden sind: $p_{NB2} = 1 - p_{NB1}$. Die Wahrscheinlichkeit, also die Sicherheit, mit der ein Akteur das Eintreten der entsprechenden Handlungskonsequenz erwartet, steht also für den Einfluss, den ein Akteur seiner eigenen Handlung auf das Auftreten einer bestimmten Handlungskonsequenz beimisst.

Bei den persönlichen Konsequenzen K_3 und K_4 handelt es sich um die privaten und unmittelbaren Aufwendungen, die ein Gruppenmitglied hat, wenn es mit öffentlichen Verkehrsmitteln oder mit dem eigenen Auto fährt. Um die Darstellung nicht unnötig zu verkomplizieren, sei hier angenommen, dass es mit Sicherheit zusätzliche Aufwendungen in Form von Zeit und Geld gibt, wenn der Akteur H_B wählt, also seinen Beitrag zur

Erstellung des Kollektivgutes leistet (p_{B4} = 1). Entsprechend sei angenommen, dass der Akteur mit Sicherheit Zeit und Geld sparen kann, wenn er H_{NB} wählt, also mit dem Auto fährt (p_{NB3} = 1). Genau umgekehrt stellen sich die Verhältnisse dann für p_{B3} und p_{NB4} dar (p_{B3}= 0, p_{NB4} = 0), weshalb sich die Gleichungen für die SEU-Werte der beiden Handlungsalternativen folgendermaßen vereinfachen lassen:

(3) $SEU(H_B) = p_{B1} * U_1 + (1-p_{B1}) * U_2 + U_4$
(4) $SEU(H_{NB}) = p_{NB1} * U_1 + (1-p_{NB1}) * U_2 + U_3$

H_B tritt auf, wenn $SEU(H_B) > SEU(H_{NB})$, also wenn gilt:
(5) $SEU(H_B) - SEU(H_{NB}) > 0$.

Dies entspricht:
(6) $p_{B1} * U_1 + (1-p_{B1}) * U_2 + U_4 - p_{NB1} * U_1 - (1-p_{NB1}) * U_2 - U_3 > 0$

beziehungsweise ausmultipliziert:
(7) $p_{B1} * U_1 + U_2 - p_{B1} * U_2 + U_4 - p_{NB1} * U_1 - U_2 + p_{NB1} * U_2 - U_3 > 0$

und vereinfacht:
(8) $(p_{B1} - p_{NB1}) * (U_1 - U_2) + (U_4 - U_3) > 0$.

Der erste Klammerausdruck auf der linken Seite ($p_{B1} - p_{NB1}$) bezeichnet den Einfluss eines Akteurs auf die Produktion des Kollektivgutes. Es handelt sich um die Differenz zweier Wahrscheinlichkeiten, die auch als »Einflussdifferenzial« bezeichnet werden kann. Das Einflussdifferenzial eines Akteurs ist positiv, wenn er der Meinung ist, dass sein Beitrag zur Durchsetzung der gemeinsamen Ziele von Bedeutung ist, er also glaubt, durch sein Handeln die Produktion des Kollektivgutes beeinflussen zu können. Der zweite Klammerausdruck ($U_1 - U_2$) beinhaltet ein »Nutzen- oder Kollektivgutdifferenzial«. Dieses fasst das Ausmaß zusammen, in dem die Bereitstellung des Kollektivgutes der Nichtbereitstellung vorgezogen wird. Der dritte Klammerausdruck ($U_4 - U_3$) bezeichnet das »Nutzendifferenzial« der privaten Konsequenzen.

Unter den bisher skizzierten Bedingungen der Logik der Situation lässt sich nun eindeutig und präzise bestimmen, welche Handlung auftritt. Das Kollektivgutdifferenzial ist zwar nach den Annahmen Olsons grundsätzlich positiv, aber in einer großen Interessengruppe ist das Einflussdifferenzial praktisch null. Mitglieder einer solchen Gruppe können nach Olson keinen spürbaren Beitrag zur Realisierung des gemeinsamen Ziels leisten, das heißt, die Akteure schreiben ihren Handlungen keine Wirksamkeit für die Bereitstellung des Kollektivgutes zu. Damit wird auch das Produkt von Einfluss- und Kollektivgutdifferenzial null. Dies bedeutet, dass allein das Nutzendifferenzial der privaten Konsequenzen ($U_4 - U_3$) die Handlungswahl beeinflusst. Wie beschrieben, legen die derzeitigen ungünstigen Verhältnisse die Annahme nahe, dass die Nutzung des eigenen Autos bequemer und billiger ist als die Nutzung öffentlicher Verkehrsmittel. Da es hier ausschließlich um den eigenen Nutzen geht, wird die Konsequenz »Zeit und Geld sparen« positiver bewertet als »keine Zeit und kein Geld sparen«, es gilt also $U_3 > U_4$. Das entsprechende Nutzendifferenzial in Gleichung 8 weist daher einen negativen Wert auf. Damit wird der gesamte Ausdruck auf der linken Seite kleiner als null, weshalb sich ein nutzenmaximierender Akteur nicht an der Produktion des Kollektivgutes »Schutz und Verbesserung der natürlichen Umwelt« beteiligt, er also Bus oder Bahn nicht dem eigenen Auto vorzieht (und die letztgenannte Alternative wählt).

Damit ist analysiert, warum der einzelne Akteur keinen Beitrag zur Produktion des Kollektivgutes leisten wird. Die Ableitung des kollektiven Effekts »keine Verbesserung der Umweltqualität« ist Gegenstand der **Logik der Aggregation**. Hierzu bedarf es neben der einfachen Aggregation der individuellen Handlungen als Transformationsregel der Einbeziehung weiterer Bedingungen. Dazu gehört, dass die Nutzung des Autos der natürlichen Umwelt tatsächlich nicht zuträglich ist und dass diese Schädigung direkt mit der Anzahl der Autofahrer variiert.

Zur Überwindung sozialer Dilemmata sind nach Olson selektive Anreize notwendig, die im konkreten Fall den *individuellen* Nutzen umweltfreundlichen Verhaltens beziehungsweise die *individuellen* Kosten umweltschädigenden Verhaltens erhöhen. Um einen Akteur zu veranlassen, auf öffentliche Verkehrsmittel umzusteigen, könnte man die Logik der Situation zum Beispiel durch folgende Maßnahmen verändern:

- Erhöhung des individuellen Nutzens umweltfreundlichen Verhaltens durch kürzere Taktzeiten von Bussen und Bahnen;
- Verringerung der individuellen Kosten umweltfreundlichen Verhaltens durch Einführung billiger Umwelttickets;
- Einschränkung des individuellen Nutzens umweltschädigenden Verhaltens durch autofreie Zonen in der Innenstadt;
- Erhöhung der individuellen Kosten umweltschädigenden Verhaltens durch Anhebung der Benzinpreise.

Die Förderung kooperativen Verhaltens zur Durchsetzung kollektiver Ziele wie die Verbesserung der Umweltqualität setzt also voraus, dass sich die entsprechenden Maßnahmen an dem individuellen Nutzen beziehungsweise den Kosten der Akteure orientieren. Appelle zum Kooperieren bewirken in solchen sozialen Dilemmasituationen unter den beschriebenen Annahmen wenig oder gar nichts. Eine Verhaltensänderung erfordert eine Veränderung der relevanten Anreizstruktur, indem entweder zusätzliche positive Anreize für ein umweltverträgliches oder negative Anreize für ein umweltschädigendes Verhalten gesetzt werden (vgl. hierzu Jungermann u.a. 1998, S. 332; Homann/Suchanek 2000, S. 39f.; Raub/Voss 1981, S. 196f.).

Zusammengefasst zeichnen sich soziale Dilemmata durch die Existenz gemeinsamer und konfligierender Ziele aus. Solche Dilemmata sind nach Olson das nicht intendierte Produkt individuellen Handelns. Ein gemeinsames Interesse führt aus sich heraus nicht zu Aktivitäten für die Durchsetzung dieses

Interesses. Aufgrund der Anreizstrukturen ist das Gegenteil der Fall. Dieses Ergebnis erhält man, wenn auf der Mikroebene nutzenmaximierendes und eigennütziges Handeln voraussetzt. Wie bei Downs führt dieses Handeln zu paradoxen kollektiven Handlungsfolgen (vgl. Abschnitt 4.2). Auf Grundlage der handlungstheoretischen Maximierungsannahme über die Logik der Selektion (und der zusätzlichen Annahme über die Motivation der Handelnden) ist es möglich, Brückenannahmen zu formulieren, die Aussagen darüber machen, wie die einzelnen Akteure ihre soziale Situation wahrnehmen (könnten). Die Theorie sieht hier vor, dass eine Verbindung zwischen der sozialen Situation und den Einfluss- und Nutzendifferenzialen herzustellen ist. Würde der handlungstheoretische Kern nicht von diesen Differenzialen ausgehen, würde man auch erst gar nicht nach entsprechenden Verbindungen zur sozialen Struktur suchen und sie daher auch nicht finden.

Da von Olson das Interesse am Kollektivgut als gegeben vorausgesetzt wird, liegen die Kollektivgutpräferenzen individuell fest. Das Kollektivgutdifferenzial kann in diesem Zusammenhang als personale Konstante betrachtet werden. Die Logik der Situation muss daher zunächst einmal die subjektiven Wahrscheinlichkeiten betreffen. Genau hierauf bezieht sich die zentrale Brückenannahme Olsons zu den Effekten der Größe einer Gruppe auf den Anreiz für den Einzelnen, zur Erreichung der Gruppenziele beizutragen. Die Gruppengröße wirkt sich auf das Einflussdifferenzial aus, das heißt auf die Wirksamkeit, die ein Akteur seinem Beitrag für die Realisation des gemeinsamen Interesses, also der Bereitstellung des Kollektivgutes, zuschreibt. Dieses ist in großen Gruppen nahe null. Nimmt man darüber hinaus an, dass die Logik der Situation so beschaffen ist, dass der Beitrag eines Akteurs mit Aufwendungen verbunden ist, die durch die Wahl einer alternativen Option vermieden werden könnten, ist nicht davon auszugehen, dass die Mitglieder einer großen Gruppe zur Realisation ihres gemeinsamen Interesses beitragen. Hierzu bedarf es vielmehr besonderer selektiver Anreize.

In einer kleinen Gruppe sieht die Logik der Situation anders aus. Die soziale Situation ist aufgrund der Kenntnis, die die Akteure voneinander haben, durch informelle Mechanismen der wechselseitigen Verhaltenskontrolle geprägt, die Anreize für die Beteiligung an der Produktion des Kollektivgutes bieten, da sie die individuellen Kosten nichtkooperativen Verhaltens oder den Nutzen kooperativen Verhaltens erhöhen. Hinzu kommt, dass sich das Einflussdifferenzial verändert, denn in kleinen Gruppen dürfte der Akteur seiner eigenen Handlung eine deutlich größere Wirksamkeit für die Durchsetzung der gemeinsamen Ziele zuschreiben. Hier kommt es also auch ohne zusätzliche selektive Anreize, die den individuellen Nutzen der Aktivität beziehungsweise die individuellen Kosten der Abstinenz der Gruppenmitglieder erhöhen, zur Realisierung des gemeinsamen Interesses.

Die Überlegungen Olsons zur Wirkung der Gruppengröße und der selektiven Anreize zeigen beispielhaft, wie auf Grundlage der Nutzentheorie als handlungstheoretischem Kern Hypothesen formuliert werden, die das Handeln der Akteure systematisch in Verbindung mit den Ausgangsbedingungen der sozialen Situation bringen. Auf dieser Grundlage ergeben sich die zentralen Brückenhypothesen über die Nutzen- und Wahrscheinlichkeitsfunktionen der Akteure und ihrer Abhängigkeit von Variationen der sozialen Bedingungen. Wenn man also davon ausgeht, dass alle Akteure ihren Nutzen maximieren und daher unter den angenommenen Bedingungen der Logik der Situation zum gleichen Ergebnis kommen und die notwendigen Transformationsbedingungen für die Aggregation der individuellen Effekte vorliegen, lässt sich über die von außen induzierten Änderungen der Nutzenkalkulation eine Änderung des Verhaltens im sozialen Verbund und der Unterstützung kollektiver Ziele erzielen beziehungsweise vorhersagen. Zum Beispiel vergrößert entweder die Erhöhung des individuellen Nutzens umweltfreundlichen Verhaltens durch kürzere Taktzeiten von Bussen und Bahnen oder die Erhöhung der individuellen Kosten umweltschädigenden Verhaltens durch eine Erhöhung der Benzinpreise die Wahrscheinlichkeit, dass die Menschen vom Auto auf Bus oder Bahn umsteigen und damit die Umweltqualität verbessert wird. Die Anwendung von Rational Choice bedeutet hier also die Analyse kollektiver Handlungsfolgen in Abhängigkeit veränderter Handlungsbedingungen.

Die Überlegungen Olsons haben zahlreiche Untersuchungen in verschiedenen Gebieten der Sozialwissenschaften angeregt. Dazu gehören Analysen zu den Bestimmungsfaktoren politischen Protests und der Mobilisierung kollektiver Gewalt (vgl. z. B. Opp u. a. 1984), zur Bewahrung und Verteilung öffentlicher Güter (vgl. z. B. Ostrom 1990), zur Struktur der Interessenvermittlung in Demokratien[16] und zur Bedeutung der Organisation gesellschaftlicher Interessen für die Entwicklung der Wirtschaft und des öffentlichen Sektors.[17] Diese Studien machen größtenteils aber auch deutlich, dass Olsons *Logic of Collective Action* in einigen Erklärungszusammenhängen zu kurz greift. Zum Beispiel kann auch Olson keine Antwort auf die schon bei Downs offene Frage geben, warum überhaupt so

---

16 Vgl. z. B. Streeck, Wolfgang (1991), »Interest Heterogenity and Organizing Capacity: Two Logics of Collective Action?«, in: Czada, Roland/Windhoff-Heritier, Adrienne (Hg.), *Political Choice. Institutions, Rules and the Limits of Rationality*, Frankfurt u. a., S. 161–198.

17 Vgl. z. B. Kunz, Volker (2000), »Kulturelle Variablen, organisatorische Netzwerke und demokratische Staatsstrukturen als Determinanten der wirtschaftlichen Entwicklung im internationalen Vergleich«, in: *Kölner Zeitschrift für Soziologie und Sozialpsychologie*, 52. Jg., S. 195–225. Entsprechende Untersuchungen wurden von Olson auch selbst durchgeführt; vgl. seine Schriften (1982) *The Rise and Decline of Nations*, New Haven/London und (2000) *Power and Prosperity*, New York.

viele Menschen zur Wahl gehen. Aufgrund fehlender selektiver Anreize dürfte dieses kollektive Handeln gar nicht stattfinden. Ebenso gibt es eine durchaus bedeutende Anzahl von Menschen, die selbst unter ungünstigen Bedingungen öffentliche Verkehrsmittel nutzen und diese dem eigenen Auto vorziehen.

Hier stellt sich zwangsläufig die Frage, ob aufgrund solcher Erklärungsdefizite die Nutzentheorie widerlegt ist. Bevor man einen solchen Schluss zieht und das allgemeine Handlungsgesetz zurückweist, ist es sinnvoller, die Annahmen über die spezifische Handlungssituation, die konkreten Handlungsalternativen und die Handlungskonsequenzen, also die Brückenannahmen, zu prüfen. Diese sind situationsspezifisch konstruiert, während die Nutzentheorie situationsübergreifend formuliert ist. Es ist nicht angemessen, aufgrund der fehlerhaften Darstellung der Logik einer besonderen sozialen Situation ein allgemeines Handlungsgesetz zu verwerfen. Denn solche Zusatzannahmen sind grundsätzlich unabhängig von den handlungstheoretischen Kernannahmen (vgl. Kapitel 3). Es könnte zum Beispiel der Fall sein, dass die Theorie richtig ist, viele Menschen aber eine »Ethik des Wählens« oder eine ausgeprägte Umweltmoral verinnerlicht haben und daher für die Handlungswahl wichtige Handlungskonsequenzen (wie ein gutes oder schlechtes Gewissen) in der bisherigen Darstellung unberücksichtigt blieben. Ebenso könnten die Menschen in einer bestimmten Situation glauben, durch ihr Handeln auch in großen Gruppen etwas zu bewirken.

Diese Diskussion führt zu der grundsätzlichen Frage, woher eigentlich die Anfangsbedingungen und die Brückenannahmen kommen, die die Logik der Situation mit der Logik der Selektion verknüpfen. Es geht hier um die Annahmen über die Struktur der politischen oder sozialen Situation und ihre Übersetzung in die Variablen der Handlungstheorie. Auf die für Rational-Choice-Anwendungen zentrale Frage nach der Konstruktion von Brückenannahmen geht der folgende Abschnitt ein.

4.4 Rational Choice und die Konstruktion von Brückenannahmen

Der handlungstheoretische Kern von Rational Choice macht keine Aussage über die inhaltliche Ausprägung der Nutzenfunktionen. Entsprechend wird im SEU-Modell lediglich vorgegeben, dass das beobachtbare Handeln der Akteure auf die Bewertungen und Erwartungen zurückzuführen ist, die mit den Handlungskonsequenzen verbunden sind. Welcher Art diese Konsequenzen sind, ob diese positiv oder negativ bewertet werden und was als wahrscheinlich oder unwahrscheinlich eingeschätzt wird, bleibt offen. Eine Anwendung von Rational Choice auf konkrete Erklärungsprobleme setzt also voraus, dass man die von den Akteuren in einer spezifischen Situation wahrgenommenen Handlungsalternativen und Handlungskonsequenzen sowie die mit diesen verbundenen Nutzen- und Wahrscheinlichkeitseinschätzungen kennt.

Für die inhaltliche Füllung der Bestimmungsfaktoren des Handelns spielen in sozialwissenschaftlichen Erklärungen die Brückenannahmen eine zentrale Rolle. Sie stellen die Logik der Situation der Akteure dar und spezifizieren den Makro-Mikro-Übergang. Brückenannahmen schlagen eine »Brücke« zwischen den allgemeinen handlungstheoretischen Variablen und dem untersuchten Gegenstandsbereich. Sie beschreiben die Merkmale der sozialen Struktur und übersetzen diese Merkmale in die unabhängigen Variablen der Handlungstheorie, die das konkrete Akteurshandeln erklären. Die Konstruktion von Brückenannahmen ist daher eine wichtige, aber auch schwierige Aufgabe im Kontext der strukturell-individualistischen Erklärung sozialer Tatbestände.

Bei Verwendung der Nutzentheorie beziehungsweise des SEU-Modells in der Logik der Selektion beschreiben Brückenannahmen, welche Aspekte von den Akteuren in einer Handlungssituation als relevant eingeschätzt werden, ob sie diese Aspekte positiv oder negativ bewerten und welche Erwartungen sie über ihr Auftreten haben. Die handlungstheoretischen Merkmale »Bewertungen« und »Erwartungen« stellen damit die Verbindung zwischen der Logik der Situation und der Logik der Selektion her, weshalb sie in diesem Zusammenhang eine Doppelrolle einnehmen (vgl. Abbildung 4-2). Im Rahmen der Formulierung von Brückenannahmen sind Bewertungen und Erwartungen die abhängigen Variablen, die durch die unabhängigen Variablen auf der Ebene der sozialen Struktur beeinflusst werden. Im Kontext der Logik der Selektion stellen sie die unabhängigen Variablen, die das Handeln als abhängige Variable erklären sollen.

Abbildung 4-2: Bewertungen und Erwartungen als abhängige und unabhängige Variablen

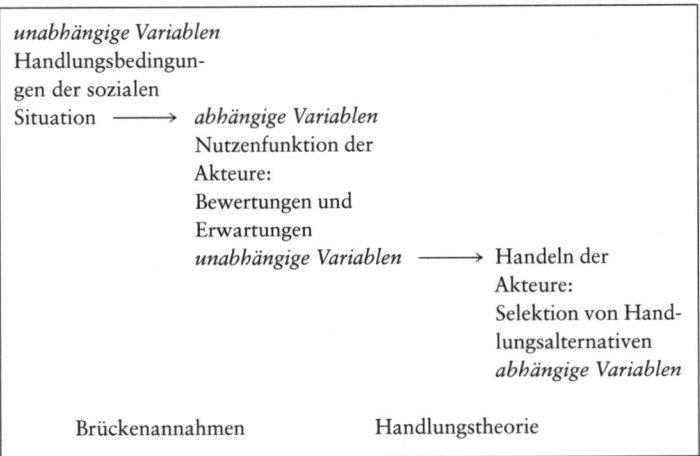

Brückenannahmen können mehr oder weniger allgemein formuliert sein. Eine solche allgemeine Brückenhypothese ist von Olson (1998) bekannt: Je größer eine Gruppe, desto geringer ist der von den Gruppenmitgliedern wahrgenommene Einfluss, etwas zur Erreichung der Gruppenziele beizutragen (vgl. Abschnitt 4.3). Brückenannahmen, auch wenn sie allgemein formuliert sind, leisten in der Regel allerdings keine vollständigen Erklärungen der Bestimmungsfaktoren des Handelns. Oft können auch noch andere Faktoren als Ursachen der subjektiven Wahrnehmungen von Bedeutung sein.[18]

Von Bedeutung ist, dass die für sozialwissenschaftliche Erklärungen zentralen Brückenannahmen nicht aus der Rational-Choice-Theorie selbst abgeleitet werden können. Die Theorie ist allgemein formuliert und macht keine Aussagen über die Wirkungen der konkreten Rahmenbedingungen einer objektiven Situation. Es muss daher andere Wege geben, die eine Anwendung von Rational Choice auf spezifische Probleme ermöglichen. Hauptsächlich drei Strategien werden in der Literatur diskutiert,[19] die noch um die Strategie der analytischen Konstruktion zu ergänzen sind. Die drei letztgenannten Strategien sind im Kontext der empirisch-erklärenden Perspektive von Rational Choice relevant:

- Die analytische Konstruktion von Brückenannahmen,
- der Rückgriff auf »Common Sense«-Wissen,
- der Einsatz des Konzepts der »sozialen Produktionsfunktionen«,
- die direkte empirische Konstruktion von Brückenannahmen.

---

18 Vgl. hierzu Esser, Hartmut (1998), »Why are Bridge Hypotheses Necessary?«, in: Blossfeld/Prein, S. 94–111; Opp (2002), S. 97f.
19 Vgl. Kelle, Udo/Lüdemann, Christian (1998), »Bridge Assumptions in Rational Choice Theory: Methodical Problems and Possible Solutions«, S. 119 ff., in: Blossfeld/Prein, S. 112–126 sowie Bamberg u. a. (2000), S. 101 ff.

Die analytische Konstruktion von Brückenannahmen

Diese Strategie zur Konstruktion von Brückenannahmen ist im Zusammenhang der analytischen Anwendungen von Rational Choice von Bedeutung. Diese Anwendungen beschäftigen sich mit der logischen Analyse möglicher Bedingungskonstellationen für das Auftreten bestimmter Sachverhalte. Hier werden die Brückenannahmen axiomatisch gesetzt oder in analytischen Verfahren, zum Beispiel in Computersimulationen, variiert.[20] Es kommt bei dieser Vorgehensweise keineswegs auf den empirischen Gehalt der Annahmen an, sondern auf die Möglichkeit neue und interessante Schlussfolgerungen aus den getroffenen Annahmen abzuleiten. Im Mittelpunkt dieser Anwendungen steht die Frage »Was wäre wenn …?«, nicht aber die Frage »Warum ist etwas tatsächlich der Fall?« (vgl. Abschnitt 4.1).

In dieser Perspektive steht im Mittelpunkt vieler Rational-Choice-Analysen das Problem der analytischen Begründung einer staatlichen Ordnung beziehungsweise die Frage nach den Bedingungen gesellschaftlicher Kooperation »in einer Welt von Egoisten«, wenn es keine zentrale Machtinstanz gibt (Axelrod 1984). Dies ist deshalb von besonderem analytischen Interesse, weil damit der schwierige Fall geprüft werden kann, unter welchen strukturellen Bedingungen Kooperation möglich ist, wenn die Menschen gerade nicht kooperativ eingestellt sind. Auf diese Weise wird ein »Worst Case«-Szenario durchgespielt. Auch Downs und Olson werden von manchen Autoren in diesen Zusammenhang eingeordnet, das heißt, ihre Überlegungen werden als ein analytischer und nicht als ein empirisch-erklärender Aussagenzusammenhang interpretiert (vgl. z. B. Druwe 1995, S. 305 ff.). Damit stellt sich die Frage nach der empirischen Gültigkeit der Annahmen natürlich nicht mehr. Es ist in

---

20 Vgl. z. B. Marwell, Gerald/Oliver, Pamela (1993), *The Critical Mass in Collective Action. A Micro-Social Theory,* Cambridge.

dieser Perspektive nicht von Bedeutung, ob die Brückenannahmen realistisch sind. Eine Kritik, die an dem empirischen Gehalt der Annahmen von Downs und Olson ansetzt, wäre in dieser Hinsicht sinnlos. Einwände können sich hier nur auf die Korrektheit der logischen Deduktionen beziehen.

Eine solche Interpretation der Arbeiten von Downs, Olson und vielen anderen Rational-Choice-Untersuchungen ist vor allem deshalb möglich, weil die Autoren die Auffassung teilen, dass es vor allem auf die Genauigkeit der Vorhersagen, nicht aber auf den Realitätsgehalt der Annahmen ankomme (vgl. Abschnitt 4.1 und insbes. Downs 1968, S. 21). In Anbetracht dieser instrumentalistischen »Als-ob-Perspektive« liegt es nahe, die Überlegungen von Downs, Olson und anderen Autoren von vornherein als analytische Konstrukte zu interpretieren, die ausschließlich auf die logische Analyse möglicher Bedingungskonstellationen für das Auftreten der von ihnen untersuchten Sachverhalte zielen, nicht aber auf ihre empirische Erklärung. Dies kann man natürlich tun, nur muss man sich über diese Verschiebung im Klaren sein. Dieser Hinweis ist deshalb von Bedeutung, weil Downs und Olson auch an einer solchen empirischen Erklärung kollektiver Handlungsmuster interessiert sind. In dieser Hinsicht sind die Brückennahmen als empirische Aussagen zu betrachten, deren Konstruktion in erster Linie auf »Common Sense«-Wissen beruht.

Der Rückgriff auf »Common Sense«-Wissen

Der Rückgriff auf »Common Sense«-Wissen gehört zu den üblichen Verfahren zur Gewinnung empirischer Brückenhypothesen in Rational-Choice-Untersuchungen, wird aber in der Regel nicht als solches gekennzeichnet. Dabei wird auf Standardannahmen zurückgegriffen, die als typisch und selbstevident für bestimmte Situationen angesehen werden. Aus dem Bezug auf das explizite oder implizite Alltagswissen ergibt sich die Kennzeichnung der charakteristischen Merkmale des sozialen Kontextes, aus der die zentralen Brückenhypothesen abgeleitet werden, die die Logik der Situation mit der Logik der Selektion verknüpfen. Beispiele für ein solches Vorgehen finden sich auch in den Arbeiten von Downs und Olson.

So begründet Downs seine grundlegende Annahme eigennützigen Handelns mit dem Hinweis, dass im Kontext der gesellschaftlichen Arbeitsteilung die Erfüllung sozialer Funktionen »*gewöhnlich* ein Nebenprodukt des menschlichen Handelns [ist], dessen Ziel private Ambitionen sind«, und »in der realen Welt *fast niemand* ... seine Funktion im Rahmen der Arbeitsteilung nur um dieser Aufgabe selbst willen [erfüllt]« (Downs 1968, S. 28, Hervorhebungen nicht im Original). Begriffe wie »gewöhnlich« oder »fast niemand« sollen die typischen Bedingungen des Handelns vermitteln, die auch und vor allem im politischen Bereich gelten. Diese Vorstellung beruht offensichtlich auf dem »Common Sense«-Wissen, dass Heilige im öffentlichen Bereich rar sind, weshalb die Annahme, dass die Menschen in erster Linie ihre persönlichen Vorteile und nicht das Wohlergehen anderer im Blick haben, am Beginn einer Untersuchung sicherlich eine passendere Unterstellung ist als die Annahme, dass sie reine Altruisten sind. Downs (1968, S. 8) geht daher davon aus, dass seine Überlegungen nahe an der Wirklichkeit liegen und keine großen Differenzen zur empirischen Realität aufweisen. Ebenso spiegelt die oben zitierte Brückenannahme Olsons (1998) zum Zusammenhang zwischen Gruppengröße und der wahrgenommenen Wirksamkeit auf die Herstellung von Kollektivgütern die »objektiv« offenkundige Tatsache wieder, dass der Einfluss eines einzelnen Akteurs in einer großen Gruppe nahe null ist. Auch die im vorhergehenden Abschnitt genannten Vorstellungen über die Leistungsfähigkeit öffentlicher Verkehrsmittel und ihrer Einschätzung durch die Konsumenten stützen sich auf offensichtliche und vielfach bekannte Bedingungen.

In vielen Fällen ist der Rückgriff auf »**Common Sense**«-**Wissen** eine einfache und angemessene Strategie, die komplexen Beziehungen zwischen der Makro- und Mikroebene empirisch in den Griff zu bekommen. Diese Strategie zur Konstruktion von Brückenannahmen ist auch nicht weiter problematisch, wenn man sich auf bekannte Standardsituationen und Hintergrundwissen beziehen kann, das empirisch abgesichert ist. Die Grenzen dieser Vorgehensweise werden vor allem dann offensichtlich, wenn neue und unbekannte Situationen Gegenstand der wissenschaftlichen Analyse sind. Dann kann diese Strategie zur Formulierung von Brückenannahmen führen, die die handlungsrelevanten Wahrnehmungen und Handlungsmotive nicht erfassen.

An diese Problematik knüpft auch eine Vielzahl kritischer Stimmen zu Downs und Olson und ihren Annahmen über die Handlungslogiken der beteiligten Akteure an.[21] Sie weisen darauf hin, dass viele Situationen kollektiven Handelns für die Akteure neu sind und sich vor allem in großen Gruppen der von den Akteuren wahrgenommene Einfluss deutlich vom faktischen Einfluss unterscheidet. Nach den Ergebnissen der empirischen Partizipationsforschung ist davon auszugehen, dass es eine Vielzahl von Akteuren gibt, die keineswegs davon überzeugt sind, dass ihr Engagement für Kollektivgüter ohne Wirkung ist. Darüber hinaus spielen auch soziale und psychologische Anreize für das Engagement in großen Gruppen eine Rolle, das heißt, es sind zum Beispiel auch altruistische Motive

---

21 Vgl. z.B. Monroe, Kristen Renwick (Hg.) (1991), *The Economic Approach to Politics. A Critical Reassessment of the Theory of Rational Action,* New York; Opp, Karl-Dieter (2001), »Warum denken Leute, sie seien politisch einflussreich? Die Erklärung einer kognitiven Illusion«, in: Druwe, Ulrich/Kunz, Volker/Plümper, Thomas, *Jahrbuch für Handlungs- und Entscheidungstheorie, Folge 1,* Opladen, S. 9–48; Pies, Ingo/Leschke, Martin (Hg.) (1997), *Mancur Olsons Logik kollektiven Handelns,* Tübingen.

wirksam. Auf vergleichbare Weise kritisiert die empirische Parteien- und Wahlforschung, dass in der der *Ökonomischen Theorie der Demokratie* die Policy-Orientierungen der Politiker und Parteien, also ihr originäres Anliegen, Politikfelder in einer bestimmten Weise inhaltlich ausgestalten, und die unterschiedlichen traditionellen Bindungen der Wähler zu wenig Berücksichtigung finden. Grundsätzlich wird daher auch die Sichtweise, die politische Struktur einer Demokratie als Markt zu konzeptualisieren, hinterfragt.

Manche Autoren gehen davon aus, dass die typisierenden Annahmen über die korrekten Situationswahrnehmungen der Akteure und das eigennützige Maximierungsmodell für die von Downs und Olson analysierten Situationen von vornherein oft nicht passen würden.[22] Einerseits würden solche Annahmen nur auf so genannte »**Hochkostensituationen**« zutreffen, bei denen die Akteure wesentliche Auswirkungen falscher, das heißt, im Hinblick auf die Bedingungen der Situation unpassender Entscheidungen auf ihre eigennützigen Interessen befürchten müssen. Wahlen und viele andere Fälle kollektiven Handelns würden aber »**Niedrigkostensituationen**« darstellen, bei denen für den Einzelnen nicht viel auf dem Spiel stehe. Unter diesen Umständen sei es nicht besonders wichtig, ob man die Situation mit Blick auf die primären eigenen Interessen und vor allem richtig definiere, weshalb auch ganz andere Aspekte wie Altruismus, Pflicht und Gewohnheit zum Tragen kommen könnten.[23]

Andererseits wird auch die Auffassung vertreten, dass die *Logik kollektiven Handelns* vor allem zur Analyse von mehr oder weniger institutionalisierten Standardsituationen geeig-

---

22 Vgl. z. B. Barry, Brian (1975), *Neue Politische Ökonomie,* Frankfurt/New York.
23 Vgl. Latsis, Spiro J. (1972), »Situational Determinism in Economics«, in: *British Journal of Philosophical Science,* 23. Jg., S. 207–245; Zintl (1989).

net sei, die durch Routine und Gewohnheit gekennzeichnet sind.[24] Erst unter diesen Bedingungen könnten die Akteure ihre Interessen systematisch an den »objektiv« bestehenden Kosten und Nutzen orientieren, während in Nicht-Standardsituationen, wie sie zum Beispiel für die Entstehungsphase von sozialen Bewegungen typisch sind, solche Orientierungen nur eine untergeordnete Rolle spielen würden. Allerdings werden gerade diese Situationen oft als Hochkostensituationen zu charakterisieren sein.

Mit dem Rückgriff auf »Common Sense«-Wissen sind solche unterschiedlichen Interpretationen der Situationslogik nicht mehr aufzulösen, zumal auch zwischen Kern- und Zusatzannahmen in diesem Kontext häufig nicht eindeutig getrennt wird (vgl. Kapitel 3). Es gibt daher Versuche, die empirische Formulierung von Brückennahmen wesentlich stärker theoretisch zu steuern. Im Kontext von Rational Choice ist insbesondere das Konzept der »sozialen Produktionsfunktionen« von Siegwart Lindenberg bekannt geworden, der seine Überlegungen in zahlreichen Aufsätzen entwickelt hat.[25]

Das Konzept der sozialen Produktionsfunktionen

Ausgangspunkt der Überlegungen Lindenbergs ist die Vorstellung, dass sich die Menschen in ihren Handlungen an bestimmten Grundbedürfnissen orientieren, dies sind nach seiner Einschätzung vor allem physisches Wohlergehen und soziale Aner-

---

24 Vgl. Homann, Karl/Suchanek, Andreas (1992), »Grenzen der Anwendbarkeit einer Logik kollektiven Handelns«, in: Schubert, Klaus (Hg.), *Leistungen und Grenzen politisch-ökonomischer Theorie*, Darmstadt, S. 13–27.
25 Vgl. z.B. Lindenberg, Siegwart (1989), »Social Production Functions, Deficits, and Social Revolutions: Prerevolutionary France and Russia«, in: *Rationality and Society*, 1. Jg., S. 51–77; ders. (1990), S. 271 ff.

kennung. Soziale Produktionsfunktionen verbinden diese allgemeinen Ziele mit spezifischen Mitteln und sollen so als Brückenannahmen dienen: Die Bedürfnisbefriedigung (als »output«) ist eine Funktion des Handelns als geschickter, effizienter Einsatz situational verfügbarer Ressourcen (»inputs«). Man kann diese Beziehung im Sinne der Nutzentheorie dahingehend interpretieren, dass es letztlich nur eine Nutzenfunktion für alle Menschen gibt, aber unterschiedliche »**Produktionsfunktionen**« für die individuelle Bedürfnisbefriedigung: Die instrumentellen Ziele (oder Zwischengüter) dienen als »Produktionsfaktoren« der fundamentalen Ziele beziehungsweise Grundbedürfnisse; jedes Handlungsergebnis steht in einem zumindest mittelbaren Zusammenhang zu den grundlegenden Bedürfnissen. Die Akteure entwickeln daher spezifische Interessen an den für sie zentralen Produktionsfaktoren, woraus sich die konkreten Brückenannahmen ergeben.

Um zum Beispiel in modernen Gesellschaften soziale Anerkennung zu erreichen, streben die Menschen nach sozialem Status. Sozialen Status erreicht man in modernen Industriegesellschaften typischerweise dann, wenn man über Einkommen verfügt. Einkommen ist meist wiederum ein primäres Ergebnis von Erwerbstätigkeit, weshalb die Menschen ein besonderes Interesse daran entwickeln. Die allgemeinen Ziele und die Mittel oder Zwischenziele, die zu ihrer Realisierung dienen, sind also hierarchisch geordnet. Sie stehen untereinander in einer funktionalen Beziehung, aus der sich eine instrumentelle Kette verschachtelter Produktionsfunktionen ergibt, die letztlich der sozialen Produktion oder Maximierung der obersten Ziele dient (vgl. Abbildung 4-3).

Mit diesem Konzept der sozialen Produktionsfunktionen schließt Lindenberg an die ökonomische Produktionstheorie an, liefert aber zugleich auch einen Ansatz, der mit motivationspsychologischen Annahmen vereinbar ist (vgl. Kunz 1997, S. 213 ff.). Die Idee, das Handeln der Menschen auf **instrumen-**

Abbildung 4-3: Beispiel einer sozialer Produktionsfunktion

soziale Anerkennung = f (sozialer Status)

→ sozialer Status = f (Einkommen)

→ Einkommen = f (Erwerbstätigkeit)

telle Ketten zurückzuführen, findet sich bereits bei Kurt Lewin, dessen Arbeiten in den zwanziger Jahren die moderne Motivationspsychologie sehr beeinflusst haben. Auch in verschiedenen Bereichen der Wirtschaftswissenschaften haben solche Vorstellungen eine lange Tradition. Bereits die klassischen Ökonomen wie Adam Smith legten ihren Überlegungen häufig einen mehrstufigen Motivationsprozess zugrunde; eine Vorstellung, die sich auch in neueren Untersuchungen des 20. Jahrhunderts findet: John Keynes betrachtet zum Beispiel die Geldnachfrage in Abhängigkeit vorsorgender Motive. George Stigler analysiert den Konsum von Lebensmittelgütern im Hinblick auf die Befriedigung des Nahrungsbedürfnisses. Und Kelvin Lancaster sowie vor allem Gary Becker entwickeln diese Überlegungen zu einem umfassenden Konzept der »Haushalts-Produktionsfunktionen« (vgl. insbes. Becker 1993, S. 97ff.). In der Soziologie wurde dieses Konzept im Anschluss an Lindenberg insbesondere von Hartmut Esser (1996a, 1999, Bd. 1) aufgegriffen.

Der entscheidende Punkt bei Lindenberg und anderen Autoren ist, dass die Produktionsfunktionen nicht idiosynkratisch sind: Sie sind nicht nur subjektiv und unterscheiden sich nicht von Person zu Person. Sie variieren vielmehr systematisch mit der sozialen Struktur, die die Ressourcenausstattung der Akteure bestimmt, das heißt vor allem mit ihrer sozialen Position, also mit der Zugehörigkeit zu sozialen Gruppen. Je nach Lebenslage und sozialer Position können die Akteure unterschiedliche Instrumente nutzen, um ihre grundlegenden Ziele zu realisieren. Das heißt, es gibt für verschiedene soziale Positionen, soziale Gruppen und Situationen typische Produktionsfunktionen. Hieraus lässt sich eine nach Lindenberg zentrale Regel zur Formulierung von Brückenannahmen als wesentlicher Bestandteil der empirischen Gesellschaftsanalyse ableiten: Untersuche die sozialstrukturellen Umstände, unter denen eine Person systematisch ihre obersten Bedürfnisse verwirklichen beziehungsweise produzieren kann (womit sich die Bezeichnung »soziale« Produktionsfunktion erklärt).[26]

Brückenhypothesen sind daher nach Lindenberg als typische, gesellschaftlich geprägte Produktionsfunktionen für die allgemeinen Ziele »physisches Wohlergehen« und »soziale Wertschätzung« zu konzeptualisieren. Auf diese Weise führt die Situationsanalyse in Form einer typisierenden Beschreibung der sozialen Handlungsbedingungen zur Annahme bestimmter Nutzen- und Wahrscheinlichkeitsfunktionen der relevanten Akteure. Soziale Produktionsfunktionen lassen sich damit als eine Art positiver Heuristik für die Generierung bedeutsamer Nutzenargumente interpretieren.

Die grundlegende Idee ist schon in Adams Smiths Werk *Wohlstand der Nationen* gut veranschaulicht.[27] Smith geht davon aus, dass in modernen, arbeitsteilig organisierten Volkswirtschaften Arbeit und Boden sowie Kapital die Grundlage des Produzierens und damit zumindest auch des physischen

---

26 Vgl. Lindenberg, Siegwart (1991), »Die Methode der abnehmenden Abstraktion. Theoriegesteuerte Analyse und empirischer Gehalt«, S. 60, in: Esser, Hartmut/Troitzsch, Klaus (Hg.), *Modellierung sozialer Prozesse*, Bonn, S. 29–78. Auf ähnlichen Überlegungen beruht u. a. das Konzept der »generalisierten Nutzenleitlinien« von Uwe Schimank (2000), *Handeln und Strukturen*, Weinheim/München, S. 102 ff.

27 Vgl. Lindenberg, Siegwart (1981), »Erklärung als Modellbau. Zur soziologischen Nutzung von Nutzentheorien«, S. 31, in: Schulte, Werner (Hg.), *Soziologie in der Gesellschaft*, Bremen, S. 20–35.

Wohlbefindens der Gesellschaftsmitglieder sind. Die Verfügbarkeit über diese Ressourcen liegt jeweils in einer bestimmten sozialen Klasse, wobei Smith zwischen Arbeitern, Landbesitzern und Unternehmern unterscheidet. Die Chance, dass die einzelnen Akteure ihr physisches Wohlbefinden steigern konnten, war vor allem dann gegeben, wenn sie als Arbeiter nach höherem Lohn, als Landbesitzer nach möglichst hoher Rente und als Unternehmer nach Profit strebten. Da diese instrumentell begründeten Interessen miteinander in einer Wechselbeziehung stehen, sind auf dieser Grundlage und unter Verwendung der Nutzentheorie als handlungstheoretischem Kern Klassenkonflikte vorherzusagen.

Auf ähnliche Weise können die grundlegenden Annahmen von Downs zur Nutzenfunktion der Politiker rekonstruiert werden. Um zum Beispiel Einkommen oder andere Zwischengüter als Mittel sozialer Anerkennung zu erreichen, müssen sie nach Downs immer nach demselben untergeordneten Zwischenziel »Stimmenmaximierung« streben. Denn die genannten Ziele sind abhängig von der Übernahme politischer Ämter. Politiker werden daher politische Programme anbieten, mit denen sie ihre Wählerstimmen maximieren können. Auf dieser Grundlage lässt sich zum Beispiel die Annäherung der Parteiprogramme in Zweiparteiensystemen vorhersagen (bei eingipfliger Präferenzverteilung; vgl. Abschnitt 4.2). Entsprechende Überlegungen finden sich auch in anderen Bereichen der Ökonomischen Theorie der Politik, beispielsweise in der Ökonomischen Bürokratietheorie von William A. Niskanen (1971). Niskanens Schlüsselargument lässt sich dahingehend rekonstruieren, dass Bürokraten versuchen, ihr jeweiliges Ausgabenvolumen und damit ihre fiskalische Bedeutung zu maximieren, um auf diese Weise im Amt zu bleiben und ein möglichst hohes Einkommen zu erzielen, womit sie ihre eigentlichen Ziele produzieren können. Auf dieser Grundlage ergibt sich die Voraussage, dass der Umfang öffentlicher Aktivitäten immer schneller wachsen müsste.

Dieses Vorgehen entspricht in weiten Teilen dem Prinzip der situationslogischen Erklärung nach Karl Popper, das vorsieht, diejenigen Elemente der Handlungssituation zu bestimmen, nach denen das beobachtete Handeln der Akteure zu ihrer Situation passt und als rational verstanden werden kann (vgl. Abschnitt 4.1). Dieses Vorgehen setzt aber voraus, dass zwischen dem internen Bild, das sich die Akteure von ihrer Situation machen, und den tatsächlichen Gegebenheiten jederzeit eine vollständige Entsprechung vorliegt. Da es aber um die Maximierung des subjektiv erwarteten Nutzens geht, hängt die Logik der Situation nicht nur von deren objektiver Beschaffenheit ab, sondern auch von der Einschätzung der Akteure. Damit sind aber eine Vielzahl von Wahrnehmungsfehlern möglich, was den Vorschlag, Brückenhypothesen als Produktionsfunktionen für die von Lindenberg genannten fundamentalen Ziele zu konzeptualisieren, in seiner generellen Anwendbarkeit einschränkt.

Wenn man dieses Problem in einem konkreten Erklärungszusammenhang für relevant hält, würde eine einfache und naheliegende Analysestrategie darin bestehen, die Anwendung dieses Konzeptes wiederum auf Hochkostensituationen einzuschränken, also auf Situationen, bei denen für die betreffenden Akteure viel auf dem Spiel steht und daher ein entsprechender Druck vorliegt, sich den objektiven Bedingungen der Situation ohne größere Variationen anzupassen. Dies würde zum Beispiel auf die von Downs und Niskanen beschriebenen Situationen für die betroffenen Akteure zutreffen. Viele andere Situationen würden sich allerdings der Analyse entziehen. Darüber hinaus bleibt die in der Literatur formulierte Kritik bestehen, dass Lindenberg keine informative Regel dafür angibt, wie sich aus den allgemeinen Zielen situationsspezifische Brückenhypothesen überhaupt ableiten lassen. Zwei Punkte sind hierfür ausschlaggebend:[28]

---

28 Vgl. Kunz (1997), S. 228 ff.; Lüdemann, Christian (1997), *Rationalität und Umweltverhalten*, Wiesbaden, S. 122 ff.

Erstens sind die von Lindenberg genannten fundamentalen Ziele nicht begründet und umstritten. Zumindest in der einschlägigen Motivationspsychologie werden auch andere Klassifikationen von Grundbedürfnissen diskutiert, wenn hier aufgrund der offensichtlichen und altbekannten Probleme der Bedürfnisableitung überhaupt an der Postulierung konkreter Grundbedürfnisse festgehalten wird. Zweitens dürfte jedes Grundbedürfnis – unabhängig von seiner konkreten Spezifikation – oft durch sehr unterschiedliche Mittel zu realisieren sein.

Beispielsweise lässt sich gegen die Budgetmaximierungsannahme in Niskanens Bürokratiekonzept einwenden, dass sich Einkommen und Bestandserhaltung auch über eine erfolgreiche Sparpolitik gewinnen lassen. Oder man kann davon ausgehen, dass Bürokraten ihre eigentlichen Ziele vor allem dann erreichen, wenn sie die Möglichkeiten der Einnahmengewinnung maximieren.[29] Auf vergleichbare Weise macht die empirische Parteienforschung darauf aufmerksam, dass Politiker und Parteien ihre eigentlichen Ziele nicht nur durch Stimmenmaximierung erreichen können, sondern ihr Handeln auch von politischen Programmen bestimmt ist, die sie und ihre Anhänger für gesellschaftlich wertvoll halten und mit deren gezielter Verwirklichung sie soziale Wertschätzung erreichen können.[30] In der reinen »Office Seeking«-Perspektive der *Ökonomischen Theorie der Demokratie* findet diese »Policy Seeking«-Perspektive aber keinen Eingang, weshalb man Downs vorhalten kann, dass er die »politischen Produktionsfunktionen« und ihre Bedeutung für das Handeln der betroffenen Akteure nur unzureichend abbildet.

Grundsätzlich wird das Problem variabler sozialer Produk-

---

29 Vgl. Kunz, Volker (2000), *Parteien und kommunale Hauhaltspolitik im Städtevergleich*, Opladen, S. 162 f. mit weiteren Literaturhinweisen.

30 Vgl. z. B. Budge, Ian/Keman, Hans (1990), *Parties and Democracy*, Oxford.

tionsfunktionen vor allem dann von Bedeutung sein, wenn es um heterogene und sozial differenzierte Populationen geht, in denen es eine Vielzahl funktional äquivalenter Produktionsfaktoren für die allgemeinen Ziele, wie zum Beispiel für soziale Wertschätzung, gibt. Diese Problematik ist bisher nicht gelöst worden. Das Konzept der sozialen Produktionsfunktionen macht daher vor allem deutlich, dass jedes Handeln an vorausgehende Strukturierungen und die mit ihnen verbundenen Restriktionen und Angebote an Handlungsorientierungen anknüpft. Die rationale Wahl kann daher nicht nur als eine eindimensionale, punktuelle Nutzenmaximierung verstanden werden. Dies ist ein sehr wichtiger Punkt, der sich zugleich gegen zahlreiche Vorbehalte gegenüber Rational Choice richtet, in denen individuelle Nutzenmaximierung als Handeln in einem sozialen Vakuum interpretiert wird (vgl. Kapitel 5). Es ist aber noch nicht befriedigend genug geklärt, wie im Rahmen empirischer Untersuchungen, die sich mit der Erklärung konkreter Sachverhalte beschäftigen, diese instrumentellen Ketten als Brückenannahmen zu rekonstruieren sind. Mehr als eine grobe Typisierung der »Produktionswege« lässt sich auf dieser Grundlage zur Zeit nicht erreichen. Damit kann man zufrieden sein, vor allem wenn keine geeigneten Mikrodaten vorliegen und es um Voraussagen geht, die einen Handlungs- und Entwicklungskorridor umschreiben. Je mehr man aber an der Erklärung spezifischer Handlungsweisen in einem konkreten Problemzusammenhang interessiert ist, desto mehr empirische Arbeit ist notwendig und desto mehr gewinnt die direkte empirische Konstruktion von Brückenannahmen an Bedeutung.[31]

---

31 Vgl. hierzu auch die Diskussion in der *Kölner Zeitschrift für Soziologie und Sozialpsychologie* 1995 und 1996, insbesondere die Beiträge von Udo Kelle und Christian Lüdemann, Karl-Dieter Opp und Jürgen Friedrichs sowie Siegwart Lindenberg.

Die direkte empirische Konstruktion von Brückenannahmen

Diese Art der Konstruktion von Brückenannahmen kennzeichnet die direkten Anwendungen von Rational Choice. Hier wird im empirischen Feld erhoben, welche Handlungsoptionen die Akteure wahrnehmen, welche Handlungsfolgen sie mit diesen Alternativen verbinden, wie sie diese Konsequenzen bewerten und welche Erwartungen sie mit ihnen verknüpfen. Dieser Weg zur Formulierung von Brückenannahmen ist im Rahmen von Rational Choice sehr umstritten. Insbesondere wird auf den großen Aufwand und die Schwierigkeiten einer direkten Nutzenmessung hingewiesen. Auch bei Olson (1998, S. 60, Anm. 17) findet sich diese Einschätzung.

Wie aufwändig eine direkte empirische Konstruktion von Brückenannahmen ist, lässt sich allerdings nur im konkreten Anwendungsfall prüfen. Darüber hinaus steht ein umfangreiches Instrumentarium zur direkten Messung der handlungsleitenden Variablen zur Verfügung, das sich – bei allen Schwierigkeiten des Einsatzes in natürlichen Situationen – in zahlreichen Anwendungen bewährt hat. Die Mehrzahl der direkten Anwendungen von Rational Choice stützt sich dabei auf inhaltsanalytische Auswertungen einschlägiger Dokumente und vor allem auf repräsentative Befragungen der Akteure.[32] Der Einsatz dieser Erhebungstechniken ist zur systematischen Erzeugung valider Brückenannahmen vor allem dann von Bedeutung, wenn ein direkter Rückgriff auf »Common Sense«-Wissen nicht möglich und die sozialen Produktionsfunktionen zu unbestimmt sind. Dennoch sollten die verschiedenen Strategien zur Kon-

---

32 Vgl. insbes. Ajzen/Fishbein (1980); Friedrichs, Jürgen/Stolle, Martin/Engelbrecht, Gudrun (1993), »Rational-Choice-Theorie: Probleme der Operationalisierung«, in: *Zeitschrift für Soziologie,* 22. Jg., S. 2–15; Kunz (1997), S. 106 ff.; Opp, Karl-Dieter (1998), »Can and Should Rational Choice Theory be Tested by Survey Research?«, in: Blossfeld/Prein, S. 204–230.

struktion von Brückenannahmen nicht als einander ausschließend, sondern einander ergänzend betrachtet werden: Am einfachsten ist der Einsatz des Instrumentariums der empirischen Sozialforschung, wenn Vorarbeiten vorliegen, die den Problemzusammenhang theoretisch und empirisch bereits durchdrungen haben. Unter diesen Bedingungen lassen sich die handlungsrelevante Entscheidungssituation eindeutig kennzeichnen und die Messinstrumente passend formulieren und einsetzen.

Häufig werden entsprechende Studien, die die Bestimmung und Ableitung der relevanten Verhaltensalternativen und Verhaltenskonsequenzen erleichtern, jedoch nicht verfügbar sein. In diesem Fall erfordert die Konstruktion von Brückenannahmen einen **explorativen Ansatz**. Pretests an einer kleinen Auswahl der Untersuchungspopulation ermöglichen offene Erhebungstechniken. Das Datenmaterial lässt sich inhaltsanalytisch auswerten und zu einem strukturierten Katalog von repräsentativen Handlungskonsequenzen verdichten. Die von den Befragten am häufigsten genannten bedeutsamen Vorstellungen sind dann in der Hauptuntersuchung zu verwenden.

Beispielhaft findet sich dieses Vorgehen in der Studie von Karl-Dieter Opp und seinen Mitarbeitern zur Untersuchung politischen Protests von Atomkraftgegnern (Opp u.a. 1984): Um festzustellen, welche Handlungsfolgen hier von Bedeutung sind, wurden von Atomkraftgegnern verfasste Flugblätter, Aufsätze und Bücher inhaltsanalytisch ausgewertet. Die Analyse von Gruppendiskussionen mit Atomkraftgegnern und die teilnehmende Beobachtung von Treffen der Protestgruppen ergaben weitere Hinweise auf relevante Handlungskonsequenzen. Dieses Vorgehen korrespondiert mit den Empfehlungen von Icek Ajzen und Martin Fishbein (1980, S. 262) für einen regelgeleiteten explorativen Ansatz zur Erfassung relevanter Verhaltenskonsequenzen. Sie schlagen vor, in einer explorativen Vorstudie an einer repräsentativen Untersuchungsstichprobe folgende offene Fragen zu stellen (für das Beispiel einer Handlungsalternative X): Welche Vorteile verknüpfen Sie persönlich mit der Ausführung von Handlungsalternative X? Welche Nachteile verknüpfen Sie persönlich mit der Ausführung von Handlungsalternative X? Verbinden Sie noch andere Dinge mit der Ausführung von Handlungsalternative X?

Bei Bedarf lassen sich ebenfalls in Form einer offenen Frage auch die bedeutsamen Handlungsalternativen ermitteln, soweit sie sich nicht direkt aus dem empirischen Problemzusammenhang ergeben. Auf Basis der Antworten auf die genannten offenen Fragen werden die für die untersuchte Situation und Population besonders wichtigen, »salienten« Handlungskonsequenzen bestimmt, wobei sich die Salienz einer Handlungsfolge aus der Häufigkeit ihrer Nennungen in der Befragung ergibt. Die von den Befragten am häufigsten genannten Konsequenzen bilden die Grundlage für ihre standardisierte Messung in der Hauptstudie. Abbildung 4-4 zeigt in der empirischen Forschung häufig genutzte Formate zur Erhebung der Bewertungen und Erwartungen der salienten Handlungsfolgen in natürlichen Situationen (so genannte »Ratingskalen«).[33]

Abbildung 4-4: Beispiele zur Erhebung von Bewertungen und Erwartungen bedeutsamer Handlungskonsequenzen

> Wenn ich bei der nächsten Urlaubsreise die Bahn nutze, dann wäre dies für mich preiswert.
>
> *Bewertung*   Das finde ich
>   schlecht   −3 −2 −1 0 +1 +2 +3   gut
>
> *Erwartung*   Dessen bin ich mir
>   sehr unsicher   0 1 2 3 4   sehr sicher

---

33 Zur Messung in der experimentellen Entscheidungsforschung vgl. z. B. Davis, Douglas D./Holt, Charles A. (1993), *Experimental Economics,* Princeton/N.J.; Jungermann u. a. (1998).

Im Hinblick auf die Perspektive der Mehrebenenanalyse ist allerdings zu berücksichtigen, dass mit dem empirischen Vorgehen nach Ajzen und Fishbein nur der erste Schritt zur Verbindung der Makro- und Mikroebenen getan ist (vgl. Bamberg u.a. 2000, S. 103). Es handelt sich um die Darstellung der subjektiven Definition der Situation im Rahmen der Operationalisierung der handlungstheoretischen Variablen Bewertung und Erwartung. Die konkrete Verbindung zu den objektiven Merkmalen der Situation ist in entsprechenden empirischen Analysen noch herzustellen. Diese Problematik wird im folgenden Abschnitt näher erläutert. Im Mittelpunkt steht die direkte Anwendung von Rational Choice am Beispiel der theoriegeleiteten Evaluationsforschung zur Verhaltenswirksamkeit verkehrspolitischer Maßnahmen.

4.5 Rational Choice und theoriegeleitete Evaluationsforschung

Als Beispiel einer direkten Anwendung von Rational Choice wird in diesem Abschnitt der Einsatz von Rational Choice in der Evaluationsforschung vorgestellt. Evaluationen dienen in erster Linie dazu, die Wirksamkeit praktischer politischer und sozialer Maßnahmen zu überprüfen. Diese Interventionsprogramme zielen auf die Beeinflussung natürlicher und sozialer Phänomene wie Umweltverschmutzung, Armut oder Kriminalität. Solche Phänomene ergeben sich meistens als kollektive Folgen aus einer Vielzahl individueller Einzelhandlungen. Die Ziele sozialer und politischer Interventionsprogramme liegen also auf der gesamtgesellschaftlichen Ebene.

Die Evaluationsforschung ist Teilgebiet der politik- und sozialwissenschaftlichen Policy-Forschung und beruht auf der systematischen Anwendung der Methoden der empirischen Sozialforschung zur Bewertung des Konzepts, des Designs, der Implementation und des Nutzens politischer und sozialer Programme. Theoriegeleitete Evaluationsforschung bedeutet, dass diese Fragestellungen im Rahmen einer expliziten »Programm- und Wirkungstheorie« behandelt werden. Gegenüber dem traditionellen »Black-Box-Ansatz« unterscheidet sich diese Perspektive durch die Einschätzung, dass für eine gute Evaluation nicht nur die Messung des Programmerfolgs oder -misserfolgs und der hierfür eingesetzten Ressourcen notwendig ist, sondern auch eine Analyse der kausalen Prozesse, durch die diese Zusammenhänge vermittelt werden.

In der neueren Literatur wird in diesem Zusammenhang zwischen Aktions- und Konzeptualannahmen unterschieden. **Aktionsannahmen** beziehen sich auf die unmittelbaren oder »proximalen« Programmergebnisse. Damit ist die Frage verknüpft, wie sich die Programmaktivitäten auf die Definition der Situation der Akteure auswirken und ob das Programm die intendierten Veränderungen auf dieser Ebene erreicht hat. **Konzeptualannahmen** beziehen sich auf die Ergebnisse, die weiter entfernt liegen. Sie werden auch »distale« Programmergebnisse bezeichnet. Die Wirkungstheorie eines Programms legt auch die Abhängigkeit der distalen Ergebnisse von der erfolgreichen Erzeugung der proximalen Ergebnisse dar.[34] Im Hinblick auf die Mikro-Makro-Differenz wird hier noch zusätzlich zwischen distalen Ergebnissen I (Mikroebene) und distalen Ergebnissen II (Makroebene) unterschieden. Abbildung 4-5 verdeutlicht die Unterscheidung zwischen Aktions- und Konzeptualannahmen am Beispiel der aktuellen Bemühungen zur Stärkung des bür-

---

34 Vgl. Bamberg u. a. (2000); Chen, Huey-Tsyh (1990), *Theory Driven Evaluations*, Newbury Park; Rossi, Peter H./Freeman, Howard E./Lipsey, Mark W. (1999), *Evaluation – A Systematic Approach*, Thousand Oaks, 6. Aufl.

gerschaftlichen Engagements in demokratischen Gesellschaften.[35]

Abbildung 4-5: Aktions- und Konzeptualannahmen in der Evaluationsforschung

---

Programmwirkungsanalyse: Evaluation der

a) Aktionsannahmen b) Konzeptualannahmen

Programmaktivitäten → proximale Ergebnisse → distale Ergebnisse I und II

Beispiel

| Informations- und Medienkampagne zur Stärkung bürgerschaftlichen Engagements | erhöhtes Wissen und Bewusstsein in der Bevölkerung über die Bedeutung von Vereinen und Verbänden für die Produktion sozialer Wohlfahrt | größeres soziales Engagement der Bürger und Entlastung des Staates von wohlfahrtsstaatlichen Aufgaben |

Die Unterscheidung zwischen Aktions- und Konzeptualannahmen macht deutlich, auf welchen differenzierten Annahmen ein Steuerungsprogramm letztlich beruht. Im Rahmen einer Evaluation sind daher sowohl die Aktions- als auch die Konzeptualannahmen zu untersuchen. Für das genannte Beispiel bedeutet dies, dass nicht nur zu prüfen ist, ob die durch staatliche Instanzen initiierte Medienkampagne das Bewusstsein und das Wissen der Bürger über die sozialpolitische Bedeutung von Vereinen und Verbänden erhöht. Wenn dies der Fall ist, muss ebenfalls geprüft werden, ob ein höheres Bewusstsein und Wissen zu einem größeren Engagement der Bürger führt und ob dieses tat-

---

35 Vgl. zu dieser Diskussion Gabriel, Oscar W./Kunz, Volker/Rossteutscher, Sigrid/van Deth, Jan (2002), *Sozialkapital in westlichen Demokratien*, Wien, S. 19 ff.

sächlich auch zu einer Entlastung des Wohlfahrtsstaates beiträgt. An diesem Punkt wird deutlich, dass man auch in der Evaluationsforschung eine **Mehrebenenperspektive** einnimmt und handlungstheoretisch argumentiert. Allerdings werden die entsprechenden Annahmen zumeist nur implizit verwendet, weshalb der strukturell-individualistische Erklärungszusammenhang und vor allem auch die Logik der Selektion oft nicht ausgearbeitet sind.

Dies ist deshalb von Nachteil, weil bei der Analyse der Ursachen für das Scheitern eines Programms zwischen einer mangelhaften Umsetzung des Programms und einer fehlerhaften Wirkungstheorie zu unterscheiden ist. Wenn das Scheitern auf die Wirkungstheorie zurückzuführen ist, können Aktions- und Konzeptualannahmen falsch sein. So könnte zum Beispiel der Fall eintreten, dass selbst bei erfolgreicher Implementation (mittels Broschüren und Werbung in den Massenmedien) die Informationskampagne zur Stärkung bürgerschaftlichen Engagements kaum von der Zielgruppe wahrgenommen wird. Die Folge ist, dass die erwarteten proximalen Ergebnisse verfehlt werden. Es kann aber auch der Fall sein, dass zwar die proximalen Ergebnisse vorliegen, aber dennoch nicht die eigentlich interessierenden distalen Ergebnisse. Im genannten Beispiel würde dies bedeuten, dass zwar das Bewusstsein und das Wissen über die sozialpolitische Bedeutung von Vereinen und Verbänden erfolgreich gestärkt wurden, aber die Akteure diese Einstellungen nicht in entsprechende Verhaltensänderungen umsetzen und daher die distalen Programmergebnisse auf der Mikroebene nicht erreicht werden. Wenn sich aber das soziale Engagement der Bürger nicht ändert, wird es auch zu keiner Entlastung des Wohlfahrtsstaates kommen, womit das distale Programmergebnis auf der Makroebene verfehlt wird. Aus Rational-Choice-Sicht würde man ein mögliches Scheitern des Programms zunächst einmal darauf zurückführen, dass die handlungstheoretische Basis zu einfach gedacht ist: Die Restriktionen des Handelns spielen im Programmentwurf und der zugrunde liegenden Wirkungstheorie keine Rolle. Insgesamt stellt sich aber nicht nur die Frage nach der geeigneten handlungstheoretischen Basis, sondern auch die Frage nach ihrer Einbettung in ein ausformuliertes Mehrebenenkonzept: Die eigentlich interessierenden distalen Ergebnisse liegen auf der Makroebene, und die Interventionen der Steuerungsprogramme gehen ebenfalls von der Makroebene aus.

In diesem Zusammenhang erscheint Rational Choice als ein besonders geeigneter Ansatz, mit dem sich die Ansprüche einer theoriegeleiteten empirischen Evaluationsforschung systematisch verwirklichen lassen.[36] Die Anwendung von Rational Choice beruht auf präzisen Vorstellungen darüber, wie kollektive Phänomene zu erklären sind, und eignet sich daher ausgesprochen gut, um Aktions- und Konzeptualannahmen in ein konsistentes Erklärungsmodell einzubinden: Soziale und politische Interventionsprogramme zielen auf die Veränderung von Vorgängen auf der Makroebene. Hierzu werden auf nationaler, regionaler oder kommunaler Ebene Maßnahmen eingeführt, die eine Veränderung der sozio-strukturellen Lebensbedingungen herbeiführen sollen, die für das jeweils interessierende natürliche oder soziale Problem, wie zum Beispiel Umweltschäden, Obdachlosigkeit oder Kriminalität, verantwortlich gemacht werden. In der strukturell-individualistischen Perspektive von Rational Choice bedeutet dies, dass durch eine gezielte Veränderung systemischer Anreizstrukturen auf der Makroebene soziale Probleme gelöst werden sollen. Die Ableitung dieser Maßnahmen setzt den Rückbezug auf die Mikroebene individueller Akteure voraus. Ohne ein Verständnis der handlungsleitenden Wahrnehmungen der Akteure und dem daraus resultierenden individuellen Handeln ist die Formulierung

---

36 Vgl. grundlegend Burth, Hans-Peter (1999), *Steuerung unter der Bedingung struktureller Kopplung*, Opladen, S. 234 ff.

geeigneter Maßnahmen und die Evaluation ihrer Wirksamkeit kaum denkbar. Da Rational Choice dem Anspruch nach eine allgemeine und vollständige Handlungstheorie beinhaltet, und damit auf die Erklärung und Voraussage aller sozialer Verhaltensweisen anwendbar erscheint, liegt der Rückgriff auf diesen Ansatz nahe. Die handlungstheoretischen Annahmen von Rational Choice spezifizieren die kausalen Mechanismen auf der Mikroebene, die den Konzeptualannahmen zugrunde liegen. Die Verbindung der unmittelbaren distalen Ergebnisse auf der Mikroebene mit den mittelbaren distalen Ergebnissen auf der Makroebene führt zur Formulierung von Transformationsregeln im Rahmen der Logik der Aggregation. Die Aktionsannahmen stellen hingegen die Beziehung zwischen den Programmmaßnahmen auf der Makroebene und den handlungsleitenden Variablen auf der Mikroebene her. Dies entspricht der Formulierung von Brückenannahmen.

Im Folgenden soll kurz skizziert werden, wie auf Basis von Rational Choice die Konzeption und Evaluierung sozialer und politischer Programme erfolgen kann. Im Mittelpunkt steht die **Einführung verkehrspolitischer Maßnahmen** zur Verbesserung und Lösung von Verkehrsproblemen. Konkret geht es um den Einfluss zweier Maßnahmen auf die PKW-Nutzung und die Nutzung anderer Verkehrsmittel durch die Studierenden der Universität Gießen. Ziel dieser Maßnahmen sollte die Entlastung des Gießener Stadtgebietes vom hohen PKW-Aufkommen während des Semesters sein. Die hierzu durchgeführte Evaluationsstudie von Sebastian Bamberg, Harald Gumbl und Peter Schmidt (2000, S. 171 ff.) verfolgte mehrere Zielsetzungen:

- die Bestandsaufnahme der objektiven Rahmenbedingungen der Verkehrssituation und ihre subjektive Wahrnehmung durch die Studierenden (auf Grundlage einer repräsentativen Befragung);
- die Beschreibung und Erklärung des Mobilitätsverhaltens

der Studierenden und der dabei genutzten Verkehrsmittel auf Grundlage der »Theory of Planned Behavior« (nach Icek Ajzen 1991; eine Variante des SEU-Modells);
- die Konzeption verkehrspolitischer Maßnahmen auf Grundlage der vorliegenden Ergebnisse und die Evaluierung der Verhaltenswirksamkeit der tatsächlich eingeführten verkehrspolitischen Maßnahmen.

Die Erklärungsziele der Studie sind damit auf zwei Ebenen zu verorten: Es geht erstens um die kausale Analyse der individuellen Verkehrsmittelwahl und zweitens um die kausale Analyse der Effekte der Einführung verkehrspolitischer Maßnahmen auf diesen Wahlprozess und seine kollektiven Folgen. Diese kollektiven Folgen ergeben sich durch eine einfache Aufsummierung der individuellen Verkehrsmittelwahl (vgl. Abbildung 4-6).

Die Darstellung der Effekte in einem Mehrebenenzusammenhang macht die kausalen Prozesse deutlich, durch die die verkehrspolitischen Interventionen die aggregierte Verkehrs-

Abbildung 4-6: Effekte verkehrspolitischer Interventionen

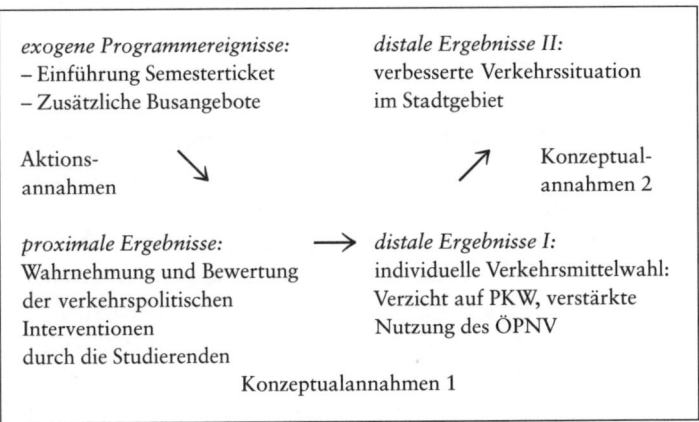

mittelwahl beeinflussen. Die verkehrspolitischen Interventionen werden in der Mehrebenenanalyse als gezielt erzeugte exogene Ereignisse betrachtet, durch die die Rahmenbedingungen der aktuellen Handlungssituation »Verkehrsmittelwahl bei Hochschulwegen« der Studierenden der Gießener Universität verändert werden. Nach den Annahmen der Nutzentheorie werden solche Interventionen handlungsrelevant, wenn sie die perzipierten Handlungsalternativen und/oder die mit der Ausführung dieser Optionen verknüpften Konsequenzen verändern. Die Veränderung des Handlungsraums stand in der Studie allerdings nicht zur Diskussion. Als Alternativen waren die Nutzung der Verkehrsmittel PKW, Bus und Rad (bei der Fahrt zu einer universitären Veranstaltung) vorgegeben. Zur Ableitung spezifischer Interventionen werden damit Brückenannahmen benötigt, die Informationen darüber enthalten, welche Handlungsfolgen die Studierenden in der betreffenden Entscheidungssituation berücksichtigen, welche Konsequenzen für sie also einen großen Nutzen oder große Kosten aufweisen, und wie die Rahmenbedingungen der vorhandenen Verkehrsinfrastruktur diese subjektiven Perzeptionen über die Handlungsfolgen beeinflussen. Die Kenntnis dieser Zusammenhänge ist Voraussetzung für die Ableitung praktischer Interventionsmaßnahmen in den betreffenden Handlungsfeldern. Erst wenn bekannt ist, welche Handlungskonsequenzen für die Studierenden bei ihrer Verkehrsmittelwahl besonders bedeutsam sind und welche Merkmale der objektiven Rahmenbedingungen diese Handlungsfolgen beeinflussen, lassen sich systematisch und begründet Interventionen entwickeln.

Die **empirische Ermittlung** der entscheidungsrelevanten Handlungskonsequenzen für die drei genannten Alternativen erfolgte nach den im vorherigen Abschnitt beschriebenen Empfehlungen von Ajzen und Fishbein (1980). Auf Grundlage einer qualitativen Vorstudie wurden mittels einer offenen Frage folgende saliente Konsequenzen ermittelt: Schnelligkeit, Bequemlichkeit, Stressfreiheit, Flexibilität, monetäre Kosten und Umweltfreundlichkeit. Diese Konsequenzen und die tatsächliche Verkehrsmittelnutzung (sowie weitere relevante Variablen der »Theory of Planned Behavior«) wurden für die standardisierte Befragung in der Hauptstudie verwendet. Darüber hinaus wurden die infrastrukturellen Rahmenbedingungen des Untersuchungsraums eingehend untersucht (vgl. Bamberg u. a. 2000, S. 176 ff.).

Den vorliegenden Ergebnissen zufolge gibt es eine klare Übereinstimmung zwischen den objektiven infrastrukturellen Rahmenbedingungen und den von den Befragten subjektiv wahrgenommen Verhaltenskonsequenzen. Die Resultate zeigen darüber hinaus, dass sich die Nutzung der Verkehrsmittel sehr gut mit einem nutzentheoretischen Ansatz erklären lässt. Die Nutzentheorie bietet damit eine geeignete Grundlage für die Ableitung und Implementation verkehrspolitischer Maßnahmen. In der Analyse wurde auch deutlich, dass die Bedeutung der genannten Konsequenzen für die Nutzung der Verkehrsmittel kontextspezifisch ausgeprägt ist. Ihr Einfluss hängt davon ab, ob die Studierenden in der Stadt oder im Umland wohnen (vgl. Bamberg u. a. 2000, S. 185 ff.).

Auf Grundlage der Ergebnisse der detaillierten Struktur- und Verhaltensanalysen wurden in einem nächsten Schritt Maßnahmen überlegt, die die Nutzungsfrequenz öffentlicher Verkehrsmittel durch die Studierenden erhöhen sollten. Ziel war die Implementation von Maßnahmen, »die in der Lage sind, die Attraktivität in wenigstens einer entscheidungsrelevanten Dimension so drastisch zu verändern, dass öffentliche Verkehrsmittel hier konkurrierenden Verkehrsmittelalternativen deutlich überlegen sind« (Bamberg u. a. 2000, S. 202 f.). Es wurden also Maßnahmen geplant, die den subjektiven Nutzen der Studierenden bei der Nutzung öffentlicher Verkehrsmittel deutlich erhöhen und damit einen zusätzlichen Anreiz bieten sollten, auf öffentliche Verkehrsmittel umzusteigen.

Solche Veränderungen sind prinzipiell durch zwei Arten von **Interventionen** zu erreichen: Wie bereits am Beispiel der Stärkung bürgerschaftlichen Engagements verdeutlicht, besteht die erste Möglichkeit in Informations- und Werbemaßnahmen, mit denen die Bewertungen und Erwartungen der relevanten Handlungsfolgen direkt beeinflusst werden sollen. Die zweite Möglichkeit wirkt indirekter. Sie besteht in einer Veränderung der objektiven, »harten« Rahmenbedingungen zum Beispiel durch neue Angebote im öffentlichen Nahverkehr (vgl. Abschnitt 4.3). Derartige Maßnahmen werden aber nur dann verhaltenswirksam, wenn die durch sie bewirkte Veränderung der infrastrukturellen Rahmenbedingungen von den Akteuren auch wahrgenommen wird, das heißt, die neue Situationswahrnehmung zu einer Veränderung der bedeutsamen Konsequenzen der Verkehrsmittelnutzung führt (vgl. Bamberg u. a. 2000, S. 175).

Im konkreten Fall kam es zu einer Änderung der infrastrukturellen Rahmenbedingungen. Als Maßnahmen wurden die Einführung eines obligatorischen Semestertickets und die Einrichtung besonderer zusätzlicher Busangebote vorgesehen und implementiert. Im Rahmen einer Längsschnittuntersuchung wurde im Anschluss evaluiert, ob sich durch die Einführung der beiden Maßnahmen die Verkehrsmittelnutzung verändert hat und auf Grundlage welcher Prozesse diese Veränderung kausal verursacht wurde. Insbesondere wurde untersucht, wie diese Änderung der objektiven Rahmenbedingungen die subjektive Perzeptionen beeinflusst hatte und ob diese veränderten Wahrnehmungen mit entsprechenden Folgen für die Verkehrsmittelwahl verknüpft waren.

Die Ergebnisse der Evalutionsstudie zeigen, dass die durch die Einführung der Maßnahmen vermittelte Änderung der Anreizstruktur sehr differenziert zu beurteilen ist. Vor allem die verhaltenswirksamen Effekte unterscheiden sich maßgeblich zwischen den verschiedenen Subgruppen der im Stadtgebiet wohnenden Studierenden und der Studierenden aus den Umlandgemeinden (vgl. Bamberg u. a. 2000, S. 202 ff.). Dieser Zusammenhang lässt sich zwar auch intuitiv postulieren, aber die empirische Evaluationsforschung auf Basis von Rational Choice zeigt nicht nur, dass solche Konstellationen vorliegen, sondern sie beantwortet ebenso die Frage, warum und auf welche Weise solche Zusammenhänge bestehen.

4.6 Zusammenfassung

Dieses Kapitel beschäftigte sich mit den Anwendungen von Rational Choice. Aufgrund der Allgemeinheit des Ansatzes finden sich Anwendungen in allen Disziplinen der Sozialwissenschaften. Die einzelnen Untersuchungen unterscheiden sich in ihren Anwendungsstrategien und Zielen. Im Mittelpunkt des Kapitels stand die erklärende Perspektive. Zu den indirekten Anwendungen in diesem Bereich gehören die Untersuchungen von Downs und Olson, die zu den bekanntesten und einflussreichsten Rational-Choice-Analysen gehören. Mit der *Economic Theory of Democracy* von Downs ist die grundlegende Vorstellung verknüpft, dass Politik als Markt, als Wettbewerb um Stimmen, aufzufassen ist. Auf dieser Grundlage und mit einigen zusätzlichen Annahmen leitet Downs etliche überraschende Schlussfolgerungen ab. Politische Führung und Regierungshandeln, politisches Desinteresse der Bürger und die ungleiche Verteilung politischer Einflusschancen in einer Gesellschaft, die Existenz von Ideologien und die Ähnlichkeit von Parteiprogrammen sind ein Nebenprodukt einer eigennützigen Nutzenmaximierung. Auf vergleichbare Weise zeigt Olson in der *Logic of Collective Action,* dass soziale und politische Kollektivphänomene das aggregierte Ergebnis nicht intendierter Folgen zielgerichteten Handelns sind. Nach Olson ist besonders in großen Sozialverbänden die Herstellung von Kollektivgütern nicht zu erwarten, obwohl die Mitglieder dieser Gruppe ein gemeinsames Interesse teilen. Hierzu bedarf es vielmehr besonderer selektiver Anreize, die die Anreizstruktur für die Akteure verändern.

Diese weitreichenden Schlussfolgerungen gehören zu den wichtigsten Erkenntnissen in den Sozialwissenschaften; es hat sich in der Forschung aber auch gezeigt, dass Downs und Olson oft von zu einfachen Annahmen ausgehen und daher einige Fragen offen bleiben, die im Problembereich ihrer Ansätze liegen. Dieser Kritikpunkt ist aber nur von Bedeutung, wenn man die Arbeiten in einer empirischen Perspektive betrachtet. An diesem Punkt wurde die zentrale Bedeutung des Konzepts der Brückenannahmen für sozialwissenschaftliche Analysen deutlich. Erst die Brückenannahmen spezifizieren den Zusammenhang zwischen der Makro- und Mikroebene und beschreiben damit die Logik der Handlungssituation für die Akteure. Die Formulierung von Brückenannahmen setzt eine Handlungstheorie voraus, in denen die unabhängigen Variablen des Handelns präzise benannt sind. Dies ist bei der Nutzentheorie der Fall. Für die inhaltliche Konstruktion der Brückenannahmen auf Grundlage dieses handlungstheoretischen Ansatzes gibt es in der Forschung unterschiedliche Strategien, die spezifische Vor- und Nachteile aufweisen: das analytische Vorgehen, der Rückgriff auf »Common Sense«-Wissen, die Verwendung von sozialen Produktionsfunktionen und ihre direkte empirische Konstruktion. Der empirische Ansatz hat zu der direkten Anwendung von Rational Choice am Beispiel der Evaluationsforschung geführt. Mit Rational Choice lässt sich das Konzept der theoriegeleiteten empirischen Evaluationsforschung systematisch realisieren. Dieser Aspekt verdeutlicht die große Praxisrelevanz des theoretischen Ansatzes.

5 Kritik, Probleme und Perspektiven

Gegenüber den Grundannahmen und der Anwendung von Rational Choice zur Analyse und Erklärung sozialer Phänomene wird vielfältige Kritik geübt. Die Kritikpunkte betreffen neben der individualistischen Perspektive und der Überbetonung formaler Aspekte insbesondere die oftmals sehr vereinfachende Vorgehensweise und die häufig unrealistischen Voraussetzungen. Dabei werden bestimmte, in vielen Untersuchungen enthaltene Annahmen über Nutzen- und Wahrscheinlichkeitsfunktionen, wie die ausschließliche Orientierung an »harten« Anreizen oder vollständige Information, oft mit Rational Choice gleichgesetzt, womit der Ansatz grundsätzlich infrage gestellt wird. Diese Schlussfolgerung ist allerdings nicht zwingend, wenn man die unterschiedlichen Intentionen von Rational-Choice-Analysen berücksichtigt und zwischen Kern- und Zusatzannahmen eindeutig trennt. Darüber hinaus bestehen prinzipielle Vorbehalte gegenüber Rational Choice. Dies gilt insbesondere für das Problem, dass Akteure häufig nicht bewusst kalkulieren und ihre Entscheidungen auf vereinfachte Zielstrukturen, automatische Überlegungsprozesse und Handlungsroutinen stützen. Es liegen verschiedene Überlegungen vor, den Rational-Choice-Ansatz so auszuweiten, dass er auch mit diesen Phänomenen umgehen kann.

Rational Choice gehört zu den zentralen theoretischen Ansätzen in den Sozialwissenschaften. Der Ansatz findet auf beinahe jede Frage der Sozialwissenschaften Anwendung. Entsprechend umfangreich fällt auch die Kritik an Rational Choice aus, weshalb die Kontroverse um Rational Choice häufig Züge eines Dogmenstreites aufweist. Ein großer Teil dieser Diskussion lässt sich auf methodologische Positionen und Differenzen zurückführen, die in Abschnitt 4 beschrieben wurden. Hier ist vor allem von Bedeutung, dass zwischen dem Ziel empirischer Analysen und der Intention, mögliche Bedingungskonstellationen für das Auftreten bestimmter Sachverhalte aufzuzeigen, klar unterschieden wird. Da letztere ausschließlich auf analytischer Ebene operieren, sind Argumente, die sich gegen die mangelnde empirische Relevanz der meist auf sehr restriktiven Annahmen aufbauenden Analysen wenden, nicht zweckmäßig. Häufig dürfte es aber gerade diese Art der sozialwissenschaftlichen Analyse sein, die Kritik hervorruft. Derartige Argumentationsweisen sind in den Sozialwissenschaften außerhalb von Rational Choice kaum verbreitet. Dieser Sachverhalt ist vermutlich darauf zurückzuführen, dass bestimmte Fragestellungen ansonsten kaum Interesse fanden (vgl. Raub/Voss 1981, S. 131). Dies betrifft vor allem die Frage nach der Entstehung von Ordnung aus unstrukturierten Zuständen, die Gedankenexperimente geradezu herausfordert. Die lange Zeit vorherrschenden sozialtheoretischen Konzeptionen in der Tradition von Emile Durkheim und Talcott Parsons gehen davon aus, dass Gesellschaft a priori als »sozial-moralische« Gemeinschaft zu kennzeichnen ist, womit sich das von Hobbes aufgeworfene Problem der Ordnung natürlich nicht mehr stellt.

Vor diesem Hintergrund liegt die bei Kritikern des Rational-Choice-Ansatzes verbreitete Einschätzung nahe, dass sich die analytische Untersuchung von Bedingungskonstellationen auf gedankliche Spielereien ohne wissenschaftliche Relevanz erschöpfen würde (»Modellplatonismus«). Eine grundsätzliche

Diskussion führt hier jedoch nicht weiter, da die Angemessenheit dieser Vorgehensweise immer nur vor dem Hintergrund der konkreten Fragestellung beurteilt werden kann. Zumindest sollte ihr heuristischer Nutzen für die Ableitung neuer und interessanter Hypothesen nicht unterschätzt werden. Problematisch ist in etlichen Rational-Choice-Untersuchungen, dass die Argumentation sowohl auf die empirische Ebene als auch auf die logische Analyse möglicher Bedingungskonstellationen zielt und beide Aspekt nicht klar voneinander getrennt werden (vgl. Kapitel 4). Dies ist Ursache zahlreicher Diskussionen, die bis heute andauern. Es ist daher wichtig, sich der eigenen Position und des primären Ziels der Rational-Choice-Analysen zu versichern.

Einen Beitrag hierzu kann die **rationale Rekonstruktion** der wissenschaftlichen Untersuchungen leisten. Hierbei handelt es sich um ein sprachlogisches Verfahren, das auf die Präzisierung der Begriffe und der logischen Struktur sowie die konsistente Formulierung der theoretischen Aussagensysteme zielt.[1] Das Verfahren impliziert, dass die Rekonstruktion so erfolgt, dass sie mit den Grundideen des Autors in Einklang steht (»Prinzip der Similarität«), dass die Begrifflichkeiten und die Argumentation im Rahmen der modernen Wissenschaftssprache formuliert werden (»Prinzip der Präzision«) und dass die Aussagen als konsistenter, das heißt stringenter und widerspruchsfreier, Argumentationszusammenhang dargestellt werden (»Prinzip der Konsistenz«). Resultat ist ein mögliches Modell des rekonstruierten Textes, nicht aber eine »wahre« Interpretation.

Der entscheidende Punkt ist, dass man bei einer rationalen Rekonstruktion versucht, eine Interpretation zu geben, die mit

---

[1] Vgl. Druwe, Ulrich (1995), *Politische Theorie*, Neuried, 2. Aufl., S. 57 ff.; Stegmüller, Wolfgang (1974), »Gedanken über eine mögliche rationale Rekonstruktion von Kants Metaphysik der Erfahrung«, S. 2 ff., in: ders.: *Aufsätze zu Kant und Wittgenstein*, Darmstadt, S. 1–61.

dem Text übereinstimmt und wissenschaftlich haltbar ist. Dies ist zum Beispiel bei einer empirischen Interpretation der Überlegungen von Hobbes zur Konstitution sozialer Ordnung und daran anschließender ökonomischer Vertrags- und Gerechtigkeitstheorien nicht der Fall, weil mit aus moderner Sicht offensichtlich fehlerhaften Aussagen über den Menschen operiert wird. Die Begriffe sind daher nicht empirisch zu interpretieren. Da nach dem empirisch-analytischen Wissenschaftskonzept lediglich noch die analytische Sprache als Wissenschaftssprache zur Verfügung steht, kann die Rekonstruktion auch nur auf dieser Sprachebene erfolgen. In dieser Perspektive liegt eine Interpretation zahlreicher, von vornherein nicht eindeutig zu kennzeichnender Rational-Choice-Untersuchungen als analytische Modelle nahe.

Diese Position ist allerdings in der Diskussion über Rational Choice wenig verbreitet und umstritten. Die Debatte wird dominiert von kritischen Einwänden, die auf eine mangelnde empirische Relevanz und spezielle methodologische Schwachstellen im Hinblick auf die Analyse sozialer Tatbestände hinweisen. Dies dürfte vor allem darauf zurückzuführen sein, dass viele Rational-Choice-Analysen zwar implizit eine modellanalytische oder instrumentalistische Perspektive teilen, vor allem aber mit dem Rückgriff auf »Common Sense«-Wissen zur Begründung der grundlegenden Annahmen immer auch auf die empirische Ebene zielen (vgl. Abschnitt 4.4). Neben der Kritik an den häufig abstrakten Annahmen zur sozialen und politischen Struktur, deren Implikationen sich nur im konkreten Analysezusammenhang zeigen (vgl. zum Beispiel die Hinweise zu den entsprechenden Annahmen von Downs und Olson in Kapitel 4), gibt es grundsätzliche Vorbehalte gegenüber Rational Choice. Demnach ist der Rational-Choice-Ansatz motivational eindimensional, politisch fraglich, tautologisch, inhaltsleer, psychologisch, trivial, übersimplifiziert, vom subjektiven Sinnverstehen und gesellschaftlichen Erwartungsstrukturen freigehalten sowie weder erklärungskräftig noch prognosetauglich, weil generell fehlerhaft.[2] Die folgenden Abschnitte gehen zunächst auf die zentralen Argumente der Kritik ein. Anschließend werden diese Einwände vor dem Hintergrund der Darstellung in den vorhergehenden Kapiteln diskutiert. Dabei wird auch auf Überlegungen hingewiesen, die auf eine mehr oder weniger umfassende Ausweitung des Rational-Choice-Ansatzes abzielen.

Die **Kritik an den Motivationsannahmen** in Rational Choice-Analysen zielt auf die verbreitete Praxis, die zulässigen Anreize auf bestimmte Arten von Präferenzen und Restriktionen zu beschränken und das Verhalten ausschließlich auf die Maximierung des persönlichen materiellen und monetären Wohlergehens zurückzuführen. Vor allem psychologische und soziale Anreize, wie zum Beispiel der intrinsische Nutzen am Wohlergehen Dritter, finden von vornherein keine Berücksichtigung, obwohl sie nach den Ergebnissen empirischer Untersuchungen in vielen Erklärungszusammenhängen relevant sind. Aus Sicht der Kritiker ist daher eine Beschränkung auf »harte« Anreize (wie Einkommen, Vermögen oder Strafen) und die Vernachlässigung sozial-moralischer Motivationen grundsätzlich nicht gerechtfertigt. Gleichermaßen wird die gängige Annahme stabiler Präferenzen kritisiert, deren Variabilität nicht abgestritten werden könne. Solche Einschränkungen lassen sich auch deshalb kritisieren, weil damit die möglichen Wechselwirkungen unterschiedlicher Arten von Anreizen, das Zusammenspiel von

---

2 Besonders pointierte Kritiken finden sich u. a. bei Denzin, Norman K. (1990), »Reading Rational Choice Theory«, in: *Rationality and Society*, 2. Jg., S. 172–189; Green/Shapiro (1994); Miller, Max (1994): »Ellbogenmentalität und ihre theoretische Apotheose«, in: *Soziale Welt*, 45. Jg., S. 5–15; Quiggin, John (1987), »Egoistic Rationality and Public Choice«, in: *The Economic Record*, 63. Jg., S. 10-21; Srubar, (1992); Zey, Mary (1992), »Criticisms of Rational Choice Models«, in: dies., S. 9–31.

Präferenzen und Restriktionen und die systematische Abhängigkeit der Präferenzen von der Ausprägung des institutionellen Kontextes außer Blick geraten.³ Beispielsweise besteht ein in der motivationspsychologischen Forschung vielfach bestätigter Sachverhalt in der Korrumpierung intrinsischen Nutzens durch materielle Belohnungen. Wenn finanzielle Prämien für Leistungen gegeben werden, die man aufgrund moralischer Überzeugungen unentgeltlich erbringt oder erbracht hätte, kann dies dazu führen, dass die vorhandene intrinsische Motivation deutlich geschwächt wird, mit der Folge, dass das intendierte Verhalten trotz zusätzlicher Anreize nicht häufiger auftritt oder sogar zurückgeht (»the hidden costs of reward«).

Vor diesem Hintergrund wird der Rational-Choice-Ansatz auch unter praktisch-politischen Gesichtspunkten heftig kritisiert. Demzufolge hat Rational Choice durch die einseitige Darstellung der Anreizstruktur »inspired much silly political analysis und much evil policy advice«.⁴ Dieser Punkt ist aus Sicht zahlreicher Autoren auch deshalb problematisch, weil eine Öffnung des Rational-Choice-Ansatzes für die Vielfalt alltagsweltlicher Motivationen, wie dies in einigen Untersuchungen der Fall ist, sehr schnell dazu führen kann, dass der Ansatz **tautologisch** wird.⁵ Denn unter diesen Voraussetzungen lässt sich für jedes Handeln ad hoc eine bestimmte Präferenz konstruieren, die zu diesem Handeln passt. Nachträglich kann deshalb jedes individuelle Handeln als rational rekonstruiert werden, womit aber keine Erklärung des Handelns erreicht wird. Weil die

---

3 Vgl. Elster, Jon (1993), *Political Psychology,* Cambridge, S. 180 ff.; Frey, Bruno S. (1997), *Markt und Motivation,* München; Kubon-Gilke, Gisela (1997), *Verhaltenbindung und die Evolution ökonomischer Institutionen,* Marburg; Kunz (1997), S. 208 ff.
4 Bunge, Mario (1989), »Game Theory is not a Useful Tool for the Political Scientist«, S. 210, in: *Epistemologia,* 12. Jg., S. 195–212.
5 Vgl. z. B. Bohmann, James (1992), »The Limits of Rational Choice Explanation«, S. 216, in: Coleman/Fararo, S. 207–228.

Motivation aus dem Handeln abgeleitet ist und diese im Rahmen von Rational Choice zugleich als Erklärungsvariable fungiert, handelt es sich unter diesen Bedingungen lediglich um einen analytischen Aussagenzusammenhang. Aufgrund dieser Problematik plädieren viele Rational-Choice-Vertreter von vornherein für eine generelle Beschränkung der Anreizstruktur (auf »harte« Anreize).

In zahlreichen Arbeiten findet sich darüber hinaus die kritische Einschätzung, dass der Rational-Choice-Ansatz **leer** oder **inhaltslos** ist. Die zentralen Begriffe der Theorie – »Handlungsalternativen«, »Restriktionen« und »Präferenzen« beziehungsweise »Erwartungen« und »Bewertungen« – sind abstrakt definiert, beziehen sich nicht auf konkrete Ereignisse und Akteure und sind daher empirisch nicht ausgefüllt. Viele Kritiker sind darum der Ansicht, dass Rational Choice keinen empirischen Gehalt hat und lediglich als ein formales Konzept betrachtet werden kann. Deshalb, so der gängige Einwand, dominiert im Rahmen von Rational Choice die Auseinandersetzung mit rein formalen Fragen, und empirische Erklärungen und Voraussagen seien mit Rational Choice eigentlich nicht zu leisten.[6]

Ein weiterer Kritikpunkt betrifft den **Psychologismus** und **sozialen Atomismus**, der mit dem Rational-Choice-Ansatz verknüpft wird. Die erklärenden (motivationalen und kognitiven) Variablen der Handlungstheorie sind psychologische Variablen, weshalb die Einschätzung verbreitet ist, dass kollektive Phänomene letztlich auf individuell-psychologische Elemente reduziert werden. Dies kann aber weder das Ziel sozialwissenschaftlicher Analysen sein, deren Erkenntnisinteressen primär auf der Makroebene liegen, noch ist es empirisch adäquat, weil damit die Strukturbindung des Handelns, die Orientierungen der Handelnden an den gesellschaftlichen Normen und Insti-

---

6 Vgl. z.B. Hartmann, Jürgen (1997), *Wozu politische Theorie?*, Opladen, S. 215 ff.

tutionen und ihre Einbindung in soziale Zusammenhänge vernachlässigt werden. Beispielsweise wird in der politischen Partizipationsforschung kritisiert, dass in einschlägigen Rational-Choice-Analysen soziologische Variablen wie Alter, Geschlecht, Gruppenmitgliedschaft oder ähnliche Sozialstrukturmerkmale nicht berücksichtigt seien, obwohl diese Faktoren einen wichtigen Einfluss auf das Auftreten politischer Partizipation ausüben würden.[7] Wegen der Vernachlässigung dieser Faktoren wird der Rational-Choice-Ansatz auch als **trivial** eingeschätzt. Es würde nichts ausgesagt, was nicht jeder schon wüsste, und letztlich sei nicht mehr als die Vorstellung zielorientierten Handelns enthalten.[8]

Zugleich erscheint der Ansatz vielen Sozialwissenschaftlern als übersimplifiziert und in den meisten Fällen wenig erklärungskräftig. Vor allem in der experimentellen Entscheidungsforschung sind eine Vielzahl von Effekten nachgewiesen worden, die als **Anomalien** im Sinne empirisch unvorhergesehener Abweichungen von den Annahmen der Nutzentheorie betrachtet werden. Die Akteure treffen demnach ihre Entscheidungen nicht nur im Hinblick auf die zu erwartenden Folgen, die mit einer Handlung verknüpft sind. Von Bedeutung sind vielmehr auch instrumentell irrelevante Entscheidungsfaktoren. Zu den Effekten, die in diesem Zusammenhang diskutiert werden, gehören unter anderem:[9]

---

7 Vgl. z.B. Westle, Bettina (1994), »Politische Partizipation«, S. 165, in: Gabriel, Oscar W./Brettschneider, Frank (Hg.), *Die EU-Staaten im Vergleich,* Opladen, 2. Aufl., S. 137–173.
8 Vgl. Bohmann, James (1994), *New Philosophy of Social Science.* Cambridge, S. 67.
9 Eine ausführliche Darstellung der Phänomene mit einer detaillierten Beschreibung der Experimentaldesigns findet sich in der einschlägigen Literatur; vgl. z.B. den Überblick bei Kahneman u.a. (1991) oder Haug, Sonja (1998), »Anomalien in der Entscheidungstheorie«, in: Druwe/Kunz, S. 126–160.

- Die »Präferenzumkehr« oder der »Reflection-Effekt«: Die Entscheidungen kehren sich um, wenn die mit einer Entscheidung verbundenen Handlungsfolgen in Verlust- und nicht in Gewinnform dargestellt und formuliert werden. Objektiv sind sie aber äquivalent, weshalb die Maximierungsannahme verletzt ist.
- Der »Certainty-Effekt«: Sichere Ergebnisse werden wahrscheinlichen Ergebnissen vorgezogen, obwohl ihr Erwartungswert geringer ist und sie daher suboptimal sind.
- Der »Sunk-Cost-Effekt«: Vorangegangene und unwiederbringliche Verluste werden bei der Entscheidungsfindung berücksichtigt, obwohl sie von außen betrachtet mit der aktuellen Handlungswahl in keinem Zusammenhang stehen können, weil sie keine Handlungsfolge darstellen.
- Der »Mental-Accounting-Effekt«: Für verschiedene Handlungsbereiche (wie Beruf, Ehe) werden unterschiedliche »mentale Konten« aktiviert. Je nach dem, um welchen Handlungsbereich es geht, also welches Konto aktiviert ist, erfolgen andere Bewertungen derselben Konsequenzen.
- Der »Besitztumseffekt« oder »Endowment-Effekt«: Ein Gut, das sich im persönlichen Besitz befindet, wird höher bewertet als ein Gut, das sich nicht im eigenen Besitz befindet. Der gegebene Wert des Gutes bleibt aber konstant.

Diese Effekte und ähnliche Sachverhalte sind vielfach in experimentellen Untersuchungen bestätigt worden. Die Entscheidung für eine Option scheint hier nicht nur im Hinblick auf die mit den Alternativen verbundenen Handlungskonsequenzen zu erfolgen, sondern auch im Hinblick auf weitere Aspekte. Dadurch werden die grundlegenden Bedingungen der Konsistenz und Transitivität verletzt und die Entscheidung ist nicht mehr mit der Annahme der Nutzenmaximierung vereinbar (vgl. Kapitel 3).

Aus sozialwissenschaftlicher Sicht werden diese Effekte

zugleich als Ausdruck der Vernachlässigung handlungsmotivierender Sinnbezüge in Rational-Choice-Analysen interpretiert, deren Bedeutung vor allem in den Arbeiten des interpretativen Paradigmas des Symbolischen Interaktionismus herausgestellt wird. Auf vergleichbare Weise wird in der empirischen Kulturforschung kritisiert, dass kulturelle Faktoren wie normative Wertemuster und Weltbilder trotz ihrer nachgewiesenen Erklärungskraft für politische und sozio-ökonomische Entwicklungen häufig vernachlässigt werden.[10] Letztlich werde der Einzelne lediglich als eine auf Umweltanreize abgerichtete Black Box betrachtet, die als »simpler Taschenrechner« funktioniert.[11] Aber auch dieser »Taschenrechner« wird grundsätzlich in Frage gestellt.

Damit ist das grundlegende Problem angesprochen, dass die Nutzentheorie beziehungsweise das SEU-Modell und vergleichbare Entscheidungsmodelle davon ausgehen, dass die Akteure gleichzeitig mehrere Handlungsfolgen verschiedener Handlungsalternativen im Hinblick auf ihren Nutzen und ihre subjektive Wahrscheinlichkeit einschätzen und diese Handlungsalternativen daraufhin miteinander vergleichen. Kritiker des Rational-Choice-Ansatzes weisen besonders darauf hin, dass dazu die kognitiven Fähigkeiten der Akteure oft gar nicht ausreichen. Zahlreiche Untersuchungen der Einstellungsforschung und der kognitionspsychologischen Forschung bestätigen die Unrealistik der Annahme, dass die Akteure grundsätzlich komplexe kognitive Entscheidungsprozesse durchführen, bevor sie ein Verhalten ausführen. Vielmehr treten Vereinfachungen an verschiedenen Stellen des Entscheidungsfindungsprozesses auf. So gibt es eine ausgeprägte Orientierung der

---

10 Vgl. Inglehart, Ronald (1989), *Kultureller Umbruch*, Frankfurt/New York, S. 87.
11 Wiesenthal, Helmut (1987), »Rational Choice. Ein Überblick«, S. 439, in: *Zeitschrift für Soziologie*, 16. Jg., S. 434-449.

Menschen an ihrem kognitiv unmittelbar verfügbaren Wissen, und häufig nehmen sie eine wirksame Beschränkung ihrer Handlungsziele vor.[12] Beispielsweise wird bei der Auswahl einer Speise selten auf alle denkbaren Ziele hin maximiert (Geschmack, Preis, Menge, Nährwert). Ebenso legen die für eine Gesellschaft typischen Produktionsfunktionen in vielen Fällen die Maximierung nur bestimmter Ziele nahe (vgl. Kapitel 4). Zudem ist gerade dieses Handeln oftmals rein habituell bedingt, was darauf verweist, dass neben der rationalen Kalkulation auch noch andere Aspekte von Bedeutung sein können.

Die genannten Kritikpunkte sind auf unterschiedlichen Ebenen zu verorten, was die Diskussion insgesamt sehr unübersichtlich macht. Sie betreffen sowohl den umstrittenen Verwertungszusammenhang der Theorie (vgl. hierzu Abschnitt 2.2) als auch allgemeine methodologische Fragen und spezielle inhaltliche Aspekte. Darüber hinaus richten sich einige Einwände in erster Linie gegen die Praxis zahlreicher Rational-Choice-Analysen. Damit wird die Theorie nicht grundsätzlich infrage gestellt, auch wenn dies häufig so dargestellt wird. Dies gilt vor allem für die Kritik an den Motivationsannahmen und den Tautologieverdacht. In vielen Untersuchungen wird lediglich ein eigennütziges Rationalverhalten betrachtet, das auf »harte« Anreize und die Maximierung des persönlichen materiellen Wohlergehens konzentriert ist, soziale Motivationen und den Einfluss von Änderungen in den Restriktionen auf die Präferenzen ausschließt. Dies wird in empirischer Perspektive auch von Vertretern des Rational-Choice-Ansatzes kritisiert (vgl. z. B. Opp 1991). Aus ihrer Sicht ist es wichtig zu erkennen, dass solche Annahmen in den Bereich der Zusatzannahmen und nicht in den Bereich der Kernannahmen gehören (vgl.

---

12 Vgl. z. B. Stocké, Volker (2002), *Framing und Rationalität*, München.

Kapitel 3). Wenn solche Annahmen getroffen werden, dann geschieht dies häufig im Hinblick auf die problemadäquate Rekonstruktion der Logik der Situationen (Altruismus als Ausnahmefall gesellschaftlich bedeutsamer Motive) oder es geht, wie zu Anfang dieses Kapitels erwähnt, darum, ein Grundsatzproblem analytisch zu behandeln (wie zum Beispiel die Entstehung sozialer Ordnung unter ungünstigen Bedingungen). Die empirische Relevanz der Annahmen bleibt aber immer zu prüfen, und für analytische Untersuchungen stellt sich die Frage, ob es im jeweiligen Problemzusammenhang zweckmäßig ist, von solchen Annahmen auszugehen und Motivationsvariationen und -induktionen auszuschließen.

Mit der Unterscheidung zwischen **Kern-** und **Zusatzannahmen** ist es möglich, im Rahmen von Rational Choice auch solidarisches, moralisches oder altruistisches Verhalten zu betrachten und mit der Nutzentheorie beziehungsweise dem Gesetz der Nutzenmaximierung zu erklären. Dies lässt sich zum Beispiel realisieren, wenn zu den Konsequenzen des Handelns auch die persönliche Befriedigung, die aus dem Wohlergehen anderer Akteure resultiert, gezählt wird. Die Grundannahmen des Rational-Choice-Ansatzes werden damit nicht verletzt, und der Ansatz wird auch nicht zwingend tautologisch. Dies ist dann nicht der Fall, wenn die abhängige Variable (die Handlungswahl) und die unabhängigen Variablen (die Motive der Handlungswahl) getrennt voneinander betrachtet und unabhängig voneinander gemessen werden. Eine Tautologie würde nur vorliegen, wenn man aus einem solidarischen Verhalten auf das Vorliegen entsprechender Ziele direkt schließen würde und die auf diese Weise einem Akteur zugeschriebenen Motive wieder als erklärende Variable für sein Handeln verwenden würde. Solidarisches Handeln kann letztlich aber aus einer Vielzahl von Gründen erfolgen, die nur unabhängig von der tatsächlichen Handlung zu ermitteln sind. Hierzu sieht die empirische Sozialforschung zahlreiche Möglichkeiten vor. Allerdings sind diese Möglichkeiten gerade im Kontext von Rational Choice umstritten. Aufgrund der angenommenen Schwierigkeiten verzichten viele Rational-Choice-Untersuchungen von vornherein auf aufwendige Individualerhebungen und unterstellen den im Hinblick auf die Funktionsweise sozialer Systeme ihrer Ansicht nach bedeutsameren Fall, dass das Handeln »harten« Anreizen folgt. Damit geraten die aber aus der Mehrebenenperspektive zentralen Fragen aus dem Blickfeld, welche strukturellen Bedingungen auch solidarische Motive des Handelns binden könnten und wie vor diesem Hintergrund ein Wandel der akteurspezifischen Zielsysteme zu erklären wäre.

Die grundsätzliche Offenheit von Rational Choice für unterschiedliche Motive resultiert aus den abstrakten Begriffen, die dieser Theorie zugrunde liegen. Sie abstrahiert damit von konkreten Ereignissen, und insofern ist der Ansatz tatsächlich inhaltsleer, wie auch seine Vertreter einräumen.[13] Die Verwendung der Theorie für spezifische Erklärungszusammenhänge erscheint damit fraglich. Unter methodologischen Gesichtspunkten lässt sich dieser Einwand allerdings auch in einer anderen Perspektive betrachten (vgl. Opp 1979, S. 78f.). Wenn es darum geht, allgemeine Theorien zu entwickeln, die auf möglichst viele Sachverhalte anzuwenden sind, ist die Verwendung abstrakter theoretischer Begriffe nicht zu vermeiden und notwendig. Dabei lässt sich die Einfachheit einer Theorie als ihr Vorzug betrachten, wenn sich daraus Erkenntnisse ergeben, die überraschend und keineswegs trivial sind (wie zum Beispiel in den Arbeiten von Downs und Olson). Darüber hinaus bietet die Offenheit von Rational Choice das heuristische Potenzial, zentrale Elemente anderer Theorien zu integrieren, wobei für konkrete Anwendungen zugleich die Richtung einer solchen Inte-

---

13 Vgl. z.B. Simon, Herbert A. (1985), »Human Nature in Politics: The Dialogue of Psychology with Political Science«, S. 300, in: *American Political Science Review,* 79 Jg., S. 293–304.

gration bestimmt werden kann.[14] In jedem Fall kommt es darauf an, die allgemeinen Konstrukte von Rational Choice für den konkreten Anwendungsfall inhaltlich zu füllen und zu operationalisieren. Allerdings teilen nicht alle Sozialwissenschaftler das Ziel der sozialwissenschaftlichen Forschung, möglichst allgemeine und einfache Theorien zu formulieren. Aus dieser Sicht wird auch die Kritik am Rational-Choice-Ansatz formuliert.

Unabhängig von dieser Diskussion ist festzustellen, dass die Anwendung von Rational Choice in natürlichen Situationen eine schwierige Aufgabe darstellen kann. Hierüber wird auch im Rahmen von Rational Choice intensiv diskutiert, wie Abschnitt 4.4 zu den Möglichkeiten und offenen Problemen der Konstruktion der Brückenannahmen gezeigt hat. Daher sind empirische Untersuchungen auf Basis des Rational-Choice-Ansatzes immer noch selten, und die Beschäftigung mit rein formalen Fragen steht häufig im Vordergrund. Vor allem die Spieltheorie muss sich mit dem Vorwurf einer Kunstlehre rationalen Handelns in strategischen Situationen auseinandersetzen. Allerdings macht der spieltheoretische Ansatz auch deutlich, dass Rational Choice keine rein psychologische Analyse sozialer Tatbestände impliziert. Die zentralen Bestimmungsfaktoren sozialer Kooperation ergeben sich hier in erster Linie aus situativen Faktoren, das heißt soziale Ereignisse werden durch soziale Tatbestände erklärt. Zwar spielen auch in der Psychologie entscheidungstheoretische Ansätze eine wichtige Rolle, unter sozialwissenschaftlichen Gesichtspunkten ist die Verbindung der handlungstheoretischen Variablen auf der Mikro-

---

14 Vgl. Fuchs, Dieter/Kühnel, Steffen (1994), »Wählen als rationales Handeln«, in: Klingemann, Hans-Dieter/Kaase, Max (Hg.), *Wahlen und Wähler. Analysen aus Anlass der Bundestagswahl 1990*, Opladen, S. 305–364; Kunz, Volker (1996), *Empirische Ökonomik. Handlungstheoretische Grundlagen der Erklärung politischer und sozialer Prozesse*, Marburg, S. 41 ff.

ebene mit den Strukturmustern auf der Makroebene ein wichtiger und entscheidender Schritt in der Rational-Choice-Analyse sozialer Tatbestände.

In dieser Perspektive kennzeichnet Rational Choice die Analyse sozialwissenschaftlicher Fragestellungen auf individualistischer Grundlage. Die mit der Ausführung einer Verhaltensweise verbundenen subjektiven Bewertungen und Erwartungen stellen die kausale Ursache individuellen Handelns dar. Vertreter des Rational-Choice-Ansatzes betonen mit Bezug auf den strukturell-individualistischen Ansatz, dass damit keineswegs kollektive Phänomene auf individuelle Elemente reduziert werden oder die **Strukturbindung des Handelns** vernachlässigt werden sollen. Beispiele bieten die in Kapitel 4 vorgestellten Anwendungen. In ihrer doppelten Funktion als unabhängige Variablen in der Handlungstheorie und als abhängige Variablen in Brückenannahmen verbinden Bewertungen und Erwartungen die Mikroebene mit der Makroebene. Soziologische Indikatoren, die die Zugehörigkeit zu bestimmten sozialen Gruppen anzeigen (wie Schichtzugehörigkeit oder Geschlecht), werden in dieser Hinsicht als Bestimmungsfaktoren der Nutzen- und Wahrscheinlichkeitseinschätzungen betrachtet. Darüber hinaus verknüpfen Transformationsregeln die individuellen Effekte mit den kollektiven Phänomenen, was im Einzelfall sehr komplexe Ableitungen implizieren kann (vgl. Coleman 1995).

Die methodologische Perspektive des Individualismus bedeutet daher nicht, dass die Individuen isoliert in einem luftleeren Raum agieren, sondern in soziale Zusammenhänge und gesellschaftliche Erwartungsstrukturen eingebunden sind, die die entscheidenden Voraussetzungen des Handelns definieren. Der strukturell-individualistische Ansatz erfasst auf diese Weise sowohl die gestaltende Wirkung des Handelns auf soziale Phänomene als auch die Wirkung dieser Phänomene auf das Handeln. Allerdings werden im Rahmen von Rational Choice kollektive Tatbestände wie Institutionen oder Normen vor allem in ihrer Eigenschaft als vorgegebene Beschränkungen betrachtet; der Aspekt der Handlungsermöglichung kommt bisher deutlich zu kurz (vgl. Kunz 1997, S. 20, 168 ff., 213 ff.). Ausnahmen finden sich tendenziell insbesondere in Varianten des SEU-Modells, in denen der Einfluss der sozialen Umwelt in spezieller Weise berücksichtigt wird, so zum Beispiel im »Schwellenwertmodell« von Mark Granovetter[15], in der »Theory of Reasoned Action« von Icek Ajzen und Martin Fishbein (1980, mit Anwendungen) oder der »Theory of Planned Behavior« von Ajzen (1991). Das **Schwellenwertmodell** geht davon aus, dass sich ein Akteur erst dann für eine bestimmte Handlung entscheidet, wenn ein bestimmter Anteil der übrigen relevanten Akteure diese Handlung bereits ausführt oder ausgeführt hat. In den Ansätzen von Ajzen und Fishbein wird der **Einfluss der sozialen Umwelt** in Form vermuteter Verhaltenserwartungen von Bezugsgruppen oder -personen und der Motivation des Akteurs, diesen Erwartungen auch zu entsprechen, berücksichtigt. Mit der zusätzlichen Einführung der perzipierten **Handlungskontrolle** gibt Ajzen (1991) zudem die in empirischen Anwendungen übliche Annahme auf, dass Handlungen eine unter vollkommen willentlicher Kontrolle stehende Realisation der entsprechenden Entscheidungen darstellen (weshalb die Begriffe »Handlung« und »Entscheidung« in Rational-Choice-Analysen zumeist als austauschbar erscheinen).

Soziale Phänomene werden also auch im Kontext von Rational Choice durch soziale Tatbestände erklärt. Allerdings sollte

---

15 Granovetter, Mark (1978), »Threshold Models of Collective Behavior«, in: *American Journal of Sociology*, 83. Jg., S. 1420–1443; für eine Anwendung vgl. Lüdemann, Christian (2000), »Rational Choice und die Mobilisierung kollektiver Gewalt gegenüber Fremden in der Bundesrepublik«, in: Druwe, Ulrich/Kühnel, Steffen/Kunz, Volker (Hg.), *Kontext, Akteur und strategische Interaktion*, Opladen, S. 15–46.

die Leistungsfähigkeit des unterstellten Makro-Mikro-Zusammenhangs zur Zeit nicht überschätzt werden. Für eine Dynamisierung der Mehrebenenperspektive, die dem Ablauf sozialer Prozesse gerecht wird, bedarf es einer mehrfachen Präzisierung im Hinblick auf die unterschiedlichen Handlungsorientierungen, die Interaktionsmuster zwischen den Akteuren, die Entstehung oder Aggregation sozialer Strukturen aus dem Handeln der Beteiligten, den Einfluss möglicher Zwischen- oder Mesoebenen und die zeitlichen Relationen zwischen den Makro- und Mikrovariablen, die über die bisherigen Spezifikationen hinausgeht.[16]

Hiervon unabhängig ist die Frage, ob es sich bei der Nutzentheorie überhaupt um eine angemessene individualistische Grundlage in der Mehrebenenmodellierung sozialer Strukturen und Prozesse handelt. Der Anomaliendiskussion zufolge berücksichtigen Akteure in der Entscheidungsfindung offensichtlich Aspekte, die im Rahmen von Rational Choice als unbedeutend angesehen werden, und sie führen oft nicht den Prozess der rationalen Wahl durch, wie er in den vorangegangenen Kapiteln beschrieben wurde. Insofern dürfte es sich auch keineswegs um triviale Vorstellungen handeln, die im Rahmen von Rational Choice vertreten werden.

Die abweichenden Tatbestände sind dann kein Problem, wenn man die in Rational-Choice-Analysen verbreitete Perspektive der einfachen Mikrofundierung von Makrohypothesen teilt und die instrumentalistische Position von Milton Friedman (1953) für vertretbar hält, nach der es letztlich gar nicht darauf ankommt, dass die Akteure den Annahmen entsprechend entscheiden und handeln. Von Bedeutung ist dann

---

16 Vgl. Blossfeld, Hans-Peter (1996), »Macrosociology, Rational Choice Theory and Time«, in: *European Sociological Review*, 12. Jg., S. 181–206; Braun (1999), S. 181ff.; Lüdemann, Christian (1997), *Rationalität und Umweltverhalten*, Wiesbaden, S. 148ff.

lediglich, dass sich die Handelnden so verhalten, als ob sie rationale Entscheidungen treffen würden (vgl. Abschnitt 4.1). Aber auch in einer realistischen Perspektive sind die Experimente der psychologischen Entscheidungsforschung in der sozialwissenschaftlichen Diskussion aus verschiedenen Gründen nicht unumstritten. Insbesondere wird darauf hingewiesen, dass sich die Anomalien ausschließlich auf die experimentell und objektiv vorgegebenen Handlungsfolgen beziehen. Damit würden entscheidungsrelevante Einflüsse, die aus der **subjektiven Definition** der Situation der Teilnehmer an den Experimenten resultieren, von vornherein ausgeschlossen. Nach dieser Argumentation sind etliche der in der experimentellen Entscheidungsforschung diskutierten Anomalien in erster Linie auf die Vernachlässigung einer »lokalen Rationalität« zurückzuführen.[17]

Wenn man davon ausgeht, dass die Entscheidungen auf subjektiven Wahrnehmungen und Einschätzungen beruhen, erscheinen zum Beispiel Ereignisse wie der »Certainty-« oder »Reflection-Effekt« eher als Informationsanomalien und weniger als Anomalien der Nutzentheorie. Die Kernannahmen der Nutzentheorie setzen nach verbreiteter Auffassung kein vollständiges und korrektes Wissen voraus, bei der Maximierung des subjektiv erwarteten Nutzens sind Wahrnehmungsfehler keineswegs ausgeschlossen. Daher können auch zwei objektiv identische Sachverhalte von den Akteuren subjektiv durchaus unterschiedlich bewertet werden. Ebenso kann die subjektive Bewertung auch scheinbar objektiver Nutzenmaße (wie etwa Geld) aus vielen Gründen variieren. Darüber hinaus kann eine sichere Option, die gegenüber einer unsicheren Alternative objektiv suboptimal ist, gerade durch ihre Sicherheit für die Akteure einen subjektiven Zusatznutzen erhalten. Dieser kann auch aus persönlichen Bindungen an Güter resultieren, die lan-

---

17 Vgl. z.B. Doyle, Jon (1992), »Rationality and Its Roles in Reasoning«, in: *Computational Intelligence*, 8. Jg., S. 376–409.

ge Zeit im eigenen Besitz sind. Ebenfalls ist nicht ausgeschlossen, dass dieselben Handlungsfolgen in unterschiedlichen Handlungskontexten auch unterschiedlich bewertet werden (wie materielle Gewinne in Geschäftsbeziehungen oder Freundschaften). Und Coleman (1995, Bd. 2, S. 236) zufolge lässt sich der Effekt der Präferenzumkehrung auf unterschiedliche zeitliche Profile in der Interessenstruktur zurückführen.

Scheinbare Irrationalitäten lassen sich also mit den Kernannahmen der Nutzentheorie vereinbaren, wenn man von der Definition der Situation *durch* die Akteure ausgeht: »Dem Handelnden können gewisse relevante Einzelheiten der Situation unbekannt sein; analog kann er irrtümlich der Meinung sein, dass bestimmte Tätigkeiten mit Notwendigkeit zu solchen und solchen Konsequenzen führen würden, während in Wahrheit diese Konsequenzen nur mit einer gewissen Wahrscheinlichkeit eintreten.«[18] In der empirisch-erklärenden Perspektive des Rational-Choice-Ansatzes wird daher die Nutzenmaximierung der Akteure grundsätzlich auf die von ihnen wahrgenommene und interpretierte Anreizstruktur der Situation bezogen. Auf diese Weise verliert auch der Einwand der mangelnden Berücksichtigung des subjektiven Sinns der Akteure in den Entscheidungsmodellen deutlich an Schärfe.

Einigen Anomalien kann allerdings nicht auf diese Weise entgegnet werden, sodass die entscheidungstheoretischen Grundlagen von Rational Choice kontinuierlich in der Diskussion stehen (dies betrifft beispielsweise die multiplikative Verknüpfung im SEU-Modell, vgl. Kunz 1997, S. 78 f.). Dabei wird das Festhalten an diesem Ansatz auch damit begründet, dass diese Anomalien die Ergebnisse auf der Makroebene nicht grundlegend

---

18 Stegmüller, Wolfgang (1983 [zuerst 1969]), *Probleme und Resultate der Wissenschaftstheorie und Analytischen Philosophie*, Band 1, Berlin/Heidelberg/New York, 2. erw. und überarb. Aufl., S. 440.

beeinflussen und die theoretischen Alternativen noch größere Mängel aufweisen (vgl. Druwe/Kunz 1998). Es fehlt jedoch weitgehend an systematischen und empirischen Theorienvergleichen.[19] Die Diskussion beschränkt sich in erster Linie auf die Darstellung der Stärken und Schwächen einzelner theoretischer Ansätze. Über die Qualität einer Theorie im Vergleich zur Qualität anderer Theorien wird damit nichts ausgesagt. Dieser Aspekt ist aber von zentraler Bedeutung, weil die Bewährung und Erklärungskraft einer Theorie immer relativ zu konkurrierenden Alternativen zu beurteilen ist.

In der Summe lässt sich feststellen, dass ein großer Teil der Kritik an Rational Choice einer realistischen Interpretation dieses Ansatzes folgt und sich dabei vor allem auf die Standardvorstellung der neoklassischen Wirtschaftstheorie bezieht (»Homo oeconomicus«). In dieser traditionellen Sichtweise gehören die Orientierung an »harten«, insbesondere wirtschaftlichen Anreizen, die Fähigkeit zu einem uneingeschränkten, »objektiv« rationalen Verhalten, konstante und stabile Präferenzen, kostenlose Transaktionen und vollkommene Information über die möglichen Handlungsalternativen und ihre Konsequenzen zu den zentralen Annahmen. Im Rational-Choice-Ansatz der Neoklassik spielen Motivationsvariationen und Unsicherheiten keine Rolle, was berechtigte Einwände hervorruft, solange es um konkrete erfahrungswissenschaftliche Analysen geht. Implikationen sind zum Beispiel die Unabhängigkeit der Präferenzstruktur von einer Änderung der Restriktionen, die Vernachlässigung kultureller Faktoren oder die Selbstregulierung der Märkte, deren Funktionieren in keiner Weise an Institutionen und staatliche Interventionen gebunden

---

19 Zu den wenigen Ausnahmen gehören insbesondere die Arbeiten von Karl-Dieter Opp; vgl. z.B. seine Schrift mit Reinhard Wippler (Hg.) (1990), *Empirischer Theorienvergleich. Erklärungen sozialen Verhaltens in Problemsituationen*, Opladen.

ist, weil negative externe Effekte jedem bekannt sind und man aufgrund der kostenlosen Transaktionen auch entsprechende Vorsorge treffen kann. Derartige Vorstellungen müssen vor dem Hintergrund des vorhandenen empirischen Wissens auf Kritik stoßen. In dieser Hinsicht kann auf die in den Kernannahmen von Rational Choice enthaltene Idee der subjektiven Rationalität nicht verzichtet werden, wenn man mit diesem Ansatz auf die empirische Erklärung sozialer Prozesse und Strukturen zielt.

Vor diesem Hintergrund liegen verschiedene Überlegungen vor, die darauf abzielen, die umfangreiche Kritik an den oftmals als unrealistisch eingeschätzten Annahmen zu den komplexen kognitiven Entscheidungsprozessen der Akteure produktiv aufzunehmen. Die entscheidende Argumentation zielt auf eine systematische Integration der kritischen Punkte in den Rational-Choice-Ansatz. Damit ist gemeint, dass auf den ersten Blick irrationales Verhalten, wie die Orientierung an einfachen kognitiven Schemata, Daumenregeln oder Gewohnheiten, nicht nur als solches benannt und beschrieben wird, sondern auch erklärt wird und zwar mit den Annahmen der rationalen Wahl. Die Diskussion hierzu ist nicht abgeschlossen, und vielfach überwiegt die Skepsis gegenüber der Tragfähigkeit entsprechender Erweiterungen der Nutzenmaximierungshypothese, auf die wichtigsten konzeptuellen Überlegungen soll zum Abschluss aber noch kurz hingewiesen werden. Man kann diese Vorstellungen als eine relativ vielversprechende Grundlage betrachten, deduktive Erklärungen sozialen Handelns beziehungsweise sozialer Strukturen und Prozesse auch unter den Bedingungen **beschränkter Rationalität** zu formulieren.

Ein zentrales Ergebnis der Diskussion besteht in der Unterscheidung zwischen »maximizing« und »satisficing«, die auf Herbert A. Simon (1955, 1978) zurückgeht. Ausgangspunkt ist die Beobachtung, dass sich die Menschen aufgrund ihrer begrenzten Informationsverarbeitungskapazität in einer Entscheidungssituation häufig auf die Verarbeitung weniger, für sie persönlich bedeutsamer Informationen konzentrieren. Diese »bounded rationality« lässt sich mit dem Maximierungsprinzip als Selektionsregel vereinbaren, wenn das Maximierungskalkül auch auf die Gewinnung und Verarbeitung von Informationen angewandt wird. Schon bei Downs (1968) findet sich der Gedanke, dass sich die Gewinnung von Informationen im Rahmen dieses Kalküls darstellen lässt und es daher als rational bezeichnet werden kann, wenn die Akteure über keine detaillierten Informationen verfügen. In dieser Hinsicht lässt sich die in vielen Situationen dominante Orientierung der Akteure an vereinfachenden handlungsleitenden Mustern oder kognitiven Schemata erklären, wie sie zum Beispiel politische Ideologien darstellen (vgl. Abschnitt 4.2). In neueren Rational-Choice-Arbeiten wird versucht, derartige Vereinfachungen in der Zielstruktur der Akteure als so genannte »Meta-Präferenzen« oder »frames« (»Handlungsrahmen«) in verschiedene erweiterte Entscheidungsmodelle systematisch zu integrieren, zum Beispiel in der »Prospect« (»Cumulative Prospect Theory«) von Amos Tversky und Daniel Kahneman oder im »Discrimination Model« von Siegwart Lindenberg.[20] Vor allem die Überlegungen von Lindenberg sind für die Sozialwissenschaften von Interesse, weil er den Handlungsrahmen, der rationales Verhalten begrenzt und steuert, explizit als sozial-kulturell bestimmten »frame« interpretiert. Vor diesem Hintergrund ist die Sichtweise eines einheitlich strukturierten Akteurs im Rational-Choice-Ansatz zunehmend zugunsten der Vorstellung einer komplexen Organisation des Selbst gewichen, was einige Autoren veranlasst hat, in diesem Zusammenhang zwischen

---

20 Sen, Amartya K. (1977), »Rational Fools. A Critique of the Behavioral Foundations of Economic Theory«, in: *Philosophy and Public Affairs*, 6. Jg., S. 317–345; Tversky, Amos/Kahneman, Daniel (1992), »Advances in Prospect Theory«, in: *Journal of Risk and Uncertainity*, 5. Jg., S. 297–323; Lindenberg (1990), S. 267 ff.

verschiedenen Komponenten des Selbst zu unterscheiden oder von »multiplen Selbsten« zu sprechen.[21]

Alle diese Überlegungen knüpfen an die Unterscheidung zwischen »maximizing« und »satisficing« an. Nach Simon bezeichnet »maximizing« die Suche nach der objektiv besten Handlungsalternative und »satisficing« die Suche nach der befriedigenden Handlungsalternative. »Maximizing« kann es in dieser Hinsicht nur in einer Welt mit vollständiger und kostenloser Information sowie unbegrenzter intellektueller Kapazität geben; unter den Bedingungen einer begrenzten Rationalität und unvollkommener Information entspricht »satisficing« der maximierenden Strategie. Die Akteure haben nach Simon einen Mindestanspruch (»aspiration level«) an das Ergebnis ihrer Handlungen und suchen nur solange nach der besten Handlungsalternative, bis ihre persönlichen Ansprüche zufrieden gestellt sind. Der Unterschied zwischen »maximizing« und »satisficing« bezieht sich also nicht auf die Phase der Selektion, sondern auf die Informationsbasis der Selektion. »Satisficing« lässt sich daher auch als maximierende Strategie unter dem Einfluss der subjektiven Definition der Situation betrachten.[22]

In dieser Perspektive liegen ebenfalls Versuche vor, die Beobachtung mit der Nutzentheorie zu vereinbaren, dass die Akteure vor Ausführung einer Verhaltensweise nicht jedes Mal ihre kognitiven Überzeugungen abrufen und bewerten. Hierauf sind aus sozialpsychologischer Sicht insbesondere Ajzen und Fishbein (1980, S. 245) eingegangen. Nach ihrer Einschätzung ergibt sich der Handlungsnutzen zwar aus der mehr oder weniger kontrollierten Reflexion über die Handlungsfolgen. Wenn dieser Nutzen aber einmal ausgebildet ist, dann seien diese

---

21 Coleman (1995), Bd. 2, S. 238 ff.; Elster, Jon (1986), *The Multiple Self*, Cambridge.
22 Vgl. Riker, William H./Ordeshook, Peter C. (1973), *An Introduction to Positive Political Theory*, Englewood Cliffs/N. J., S. 22.

Zuschreibungen nicht erneut auszubilden. Vor allem bei oft ausgeführten und bewährten Handlungen könnten stattdessen die entsprechenden Einstellungen direkt aus dem Gedächtnis aktiviert werden. Aus Sicht des Rational-Choice-Ansatzes wäre alles andere auch eine Verschwendung knapper Ressourcen, insbesondere von Zeit. Wenn man von dieser Position ausgeht, erscheinen habituelle Handlungen auf Grundlage einer automatischen Kalkulation mit der Nutzentheorie kompatibel, oder in den Worten von John Watkins: »Das Zähneputzen heute morgen war nicht irrational, weil es aus Gewohnheit und nicht aus Überlegungen über Zahnhygiene geschah.«[23]

Wenn man diesen Überlegungen folgt, ist die entscheidende Frage, unter welchen Bedingungen die unterschiedlichen Überlegensprozesse auftreten. Hierzu liegen unterschiedliche Antworten vor, von denen im Kontext der Diskussion über Rational Choice insbesondere der Beitrag des Sozialpsychologen Russell Fazio bekannt geworden ist.[24] Nach Fazio wird die automatische Kalkulation erst dann durch einen reflektierten und kontrollierten Überlegungsprozess abgelöst, wenn die Motivation und die Gelegenheiten hierzu bestehen. Die Gelegenheiten ergeben sich nach Fazio insbesondere aus den zeitlichen Beschränkungen, die in Handlungssituationen wirksam sind, und die Motivation aus der Furcht vor den Folgen einer falschen Handlungsentscheidung. Die Motivation sei vor allem dann hoch, wenn es sich um eine Hochkostensituation handelt, die Personen also in einer bestimmten Situation aus ihrer Sicht viel zu verlieren haben. Unter diesen Bedingungen würden die

---

23 Watkins, John W.N. (1972), »Idealtypen und historische Erklärung«, S. 353, in: Albert, Hans (Hg.), *Theorie und Realität. Ausgewählte Aufsätze zur Wissenschaftslehre der Sozialwissenschaften*, Tübingen, 2. Aufl., S. 331–356.
24 Fazio, Russell H. (1990), »Multiple Processes by which Attitudes Guide Behavior«, in: Zanna, Mark P. (Hg.), *Advances in Experimental Social Psychology*, San Diego, S. 75–109.

Akteure auch daran interessiert sein, dass ihre Wahrnehmungen nicht allzu sehr von den objektiven Gegebenheiten abweichen (vgl. hierzu auch die Hinweise in Kapitel 4). Der Wechsel von der automatischen Informationsverarbeitung auf stärkere Reflexionsleistungen wird damit von Fazio in den Variablen von Rational Choice – Motivation und Restriktionen beziehungsweise Gelegenheiten – dargestellt. Die Nutzentheorie wird hier also nicht nur auf das »äußere Handeln«, sondern auch auf die Tiefe der Informationsverarbeitung, auf die »inneren Aktivitäten«, angewandt. Hartmut Esser (1996a, 2001, Bd. 6) hat diese Perspektive mit der Vorstellung Siegwart Lindenbergs von einer Vereinfachung der Zielstruktur durch dominierende »frames« beziehungsweise Ziele kombiniert und zu einem umfassenden und integrierten Konzept begrenzter Rationalität entwickelt. Damit verknüpft sich die Hoffnung, dass die Anschlussfähigkeit von Rational Choice an Vorstellungen aus anderen Theorien und vorliegenden empirischen Erkenntnissen deutlich gewinnt und sich auf diese Weise vermehrt Anknüpfungspunkte zu benachbarten Handlungswissenschaften finden lassen.

6 Schlussbemerkung

Grundlegend für Rational Choice ist die Perspektive des methodologischen Individualismus, der zufolge die Analyse und Erklärung kollektiver Phänomene durch Annahmen über das Handeln von Akteuren in bestimmten sozialen Situationen erfolgt. Ausgangspunkt sind daher Akteure, die Individuen, aber auch kollektive Subjekte wie politische Organisationen sein können. Dies ist gerechtfertigt, wenn ihre Mitglieder gleichartige Ziele verfolgen. Darüber hinaus gehört zu den Grundannahmen von Rational Choice, dass das Handeln der Akteure von den Alternativen abhängt, die sie in der jeweiligen Situation in Betracht ziehen. Die Nutzentheorie geht davon aus, dass Entscheidungen für bestimmte Handlungen im Hinblick auf die Folgen dieser Handlungen getroffen werden. Dabei unterstellt man den Akteuren nur eine begrenzte Rationalität; sie orientieren sich an den von ihnen wahrgenommenen und interpretierten Anreizen der Situation. Gefordert ist die Konsistenz der Handlungsentscheidungen im Hinblick auf den spezifischen Kontext und den spezifischen Zeitpunkt der Entscheidungen.

Das Kennzeichen einer Rational-Choice-Analyse sozialer Tatbestände liegt damit in der systematischen Verbindung mehrerer Schritte, die analytisch voneinander zu trennen sind: die situationsspezifische Formulierung von Brückenannahmen im

Rahmen der Logik der Situation, die Verwendung der Nutzentheorie als allgemeine Handlungstheorie im Rahmen der Logik der Selektion und die problemabhängige Formulierung von Transformationsregeln im Rahmen der Logik der Aggregation. Dieses Grundmodell lässt sich zur Analyse sozialer Prozesse horizontal dynamisieren und zur Einbindung sozialer Gebilde, die in einen weiteren sozialen Kontext eingebettet sind, vertikal differenzieren. In jedem Fall ist die Nutzentheorie als handlungstheoretische Basis von Rational Choice in dreifacher Hinsicht von Bedeutung: Sie stellt den nomologischen Kern der Erklärung dar, sie erklärt die individuellen Effekte, die aggregiert die kollektiven sozialen Phänomene bestimmen, und sie strukturiert über die handlungsverursachenden Variablen »Bewertungen« und »Erwartungen« unter den Bedingungen von Unsicherheit zugleich die Logik der Situation. Merkmale der sozialen Situation sind daher nur insofern handlungsrelevant, wie sie die Bewertungen und Erwartungen der Akteure über die mit den Handlungsalternativen verbundenen Konsequenzen beeinflussen.

In dieser Hinsicht resultieren kollektive Ereignisse aus den Handlungen von Akteuren, die ihrerseits in soziale Zusammenhänge eingebunden sind. Von Bedeutung ist, dass diese kollektiven Handlungsfolgen keineswegs von den Akteuren angestrebt werden müssen, wie die Arbeiten von Downs (1968) und Olson (1998) beispielhaft zeigen. Ihre Überlegungen haben zahlreiche empirische Untersuchungen in verschiedenen Gebieten der Sozialwissenschaften angeregt und beeinflusst. Vor allem die Studie Olsons ist zugleich Grundlage allgemeiner sozialtheoretischer Bemühungen, nach denen nicht schon von einem gegebenen Bedarf auf die Entstehung sozialer Regeln und Normen beziehungsweise die Existenz sozialer Kooperation geschlossen wird (vgl. Maurer/Schmid 2002). Vielmehr werden Bedingungen analysiert und benannt, die rationale Akteure veranlassen, in Kooperation zusammenzuwirken und sozialen Regeln oder Normen zu folgen, ohne dass eine automatische, normativ gesicherte Regeleinhaltung vorausgesetzt wird. Die Stärke solcher Überlegungen liegt also darin, dass sie auf Situationen aufmerksam machen, in denen soziale Kooperation durch die eigennützigen Interessen der einzelnen Akteure gestützt und aufrechterhalten wird. Dies bedeutet im Umkehrschluss, dass der Bestand sozialer Kooperation immer dann gefährdet sein kann, wenn diese nicht mehr mit den entsprechenden Interessen der Beteiligten korrespondiert, womit sich vielfältige Anschlussfragen nach der adäquaten Ausgestaltung institutioneller Arrangements stellen.

Literatur

Zu Vorläufern des Rational-Choice-Ansatzes

Bentham, Jeremy, 1970 [zuerst 1789], *An Introduction to the Principles of Morals and Legislation* (hrsg. von J. H. Burns und H. L. A. Hart), London

Gossen, Hermann Heinrich (1854), *Entwickelung der Gesetze des menschlichen Verkehrs, und der daraus fließenden Regeln für menschliches Handeln,* Braunschweig

Hobbes, Thomas (1651), *Leviathan, or the Matter, Forme, and Power of a Common-Wealth Ecclesiasticall and Civil,* London; dt. (1990), *Leviathan oder Stoff, Form und Gewalt eines bürgerlichen und kirchlichen Staates,* Frankfurt/Main

Mandeville, Bernard de (1724), *The Fable of Bees: or, Private Vices, Public Benefits,* London; dt. (1980), *Die Bienenfabel oder Private Laster, öffentliche Vorteile,* Frankfurt/Main

Pareto, Vilfredo (1927 [zuerst 1907]), *Manual d'Economie Politique,* Paris, 2. Aufl.

Smith, Adam (1776), *An Inquiry into the Nature and Causes of the Wealth of Nations,* London; dt. (1993 [nach der 5. Aufl. von 1789]), *Der Wohlstand der Nationen – Eine Untersuchung seiner Natur und seiner Ursachen,* München, 6. Aufl.

– (1759), *The Theory of Moral Sentiments,* London, dt. (1994), *Theorie der ethischen Gefühle,* Hamburg

Schumpeter, Joseph A. (1942), *Capitalism, Socialism and Democracy,* New York; dt. (1993), *Kapitalismus, Sozialismus und Demokratie,* Tübingen/Basel, 7. Aufl.

Einen Überblick bieten:

Albert, Hans (1977), »Individuelles Handeln und soziale Steuerung. Die ökonomische Tradition und ihr Erkenntnisprogramm«, in: Lenk, Hans (Hg.), *Handlungstheorien – interdisziplinär*, Band 4, München, S. 177–225

Jonas, Friedrich (1981 [zuerst 1976]), *Geschichte der Soziologie*, Band 1, Opladen, 2. Aufl.

Kaufmann, Franz-Xaver/Krüsselberg, Hans-Günter (Hg.) (1984), *Markt, Staat und Solidarität bei Adam Smith*, Frankfurt/New York

Vanberg, Viktor (1975), *Die zwei Soziologien. Individualismus und Kollektivismus in der Sozialtheorie*, Tübingen

Zu handlungs-, entscheidungs- und spieltheoretischen Grundlagen von Rational Choice

Ajzen, Icek (1991) »The Theory of Planned Behavior«, in: *Organizational Behavior and Human Decision Processes*, 50. Jg., S. 179–211

– /Fishbein, Martin (1980), *Understanding Attitudes and Predicting Social Behavior*, Englewood Cliffs, N. J.

Blau, Peter M. (1964), *Exchange and Power in Social Life*, New York

Edwards, Ward (1954), »The Theory of Decision Making«, in: *Psychological Bulletin*, 51. Jg., S. 380–417

Homans, George C. (1958), »Social Behavior as Exchange«, in: *American Journal of Sociology*, 63. Jg., S. 597–606, dt. (1967), »Soziales Verhalten als Austausch«, in: Hartmann, Heinz (Hg.), *Moderne amerikanische Soziologie*, Stuttgart, S. 173–185

Kelley, Harold/Thibaut, John (1978), *Interpersonal Relations*, New York

Luce, Duncan/Raiffa, Howard (1989 [zuerst 1957]), *Games and Decisions. Introduction and Critical Survey*, Dover (Reprint)

Meckling, William H. (1976), »Values and the Choice of the Individual in the Social Sciences«, in: *Schweizerische Zeitschrift für Volkswirtschaft und Statistik*, 112. Jg., S. 545-560

Neumann, John von/Morgenstern, Oskar (1944), *The Theory of Games and Economic Behavior*, Princeton

Savage, Leonard J. (1954), *The Foundations of Statistics*, New York

Simon, Herbert A. (1955), »A Behavioral Model of Rational Choice«, in: *Quarterly Journal of Economics*, 69. Jg., S. 99–118
- (1978), »Rationality as Process and Product of Thought«, in: *American Economic Review*, 68. Jg., S. 1–16

Einen Überblick bieten:
Hennen, Manfred/Kunz, Volker (2002), »Theorie des Handelns«, in: Endruweit, Günter/Trommsdorff, Gisela (Hg.), *Wörterbuch der Soziologie*, Stuttgart, S. 610–615, 2. völlig neu bearb. u. erw. Aufl.
- /Springer, Elisabeth (1996), »Handlungstheorien – Überblick«, in: Druwe, Ulrich /Kunz, Volker (Hg.) (1996), *Handlungs- und Entscheidungstheorie*, Opladen, S. 12–41

Rieck, Christian (1993), *Spieltheorie. Eine Einführung*, Wiesbaden

Zu Neuer Politischer Ökonomie, ökonomischen Vertrags- und Gerechtigkeitstheorien und der Sozialwahltheorie

Arrow, Kenneth (1951), *Social Choice and Individual Values*, New Haven

Black, Duncan (1958), *The Theory of Committees and Elections*, Boston

Buchanan, James M./Tullock, Gordon (1962), *The Calculus of Consent*, Ann Arbor

Downs, Anthony (1957), *An Economic Theory of Democracy*, New York; dt. (1968), *Ökonomische Theorie der Politik*, Tübingen

Downs Anthony (1966), *Inside Bureaucracy*, Boston

Hirschman, Albert O. (1970), *Exit, Voice and Loyality*, Cambridge, Mass.; dt. (1974), *Abwanderung und Widerspruch*, Tübingen

Niskanen, William A. (1971), *Bureaucracy and Representative Government*, Chicago

Nozick, Robert (1974), *Anarchy, State, and Utopia*, New York; dt. (1976), *Anarchie, Staat, Utopie*, München

Olson, Mancur (1965), *The Logic of Collective Action*, Harvard; dt. (1998 [zuerst 1968]), *Die Logik kollektiven Handelns. Kollektivgüter und die Theorie der Gruppen*, Tübingen, 4. Aufl.

Rawls, John (1971), *A Theory of Justice*, Cambridge, Mass.; dt. (1979), *Eine Theorie der Gerechtigkeit*, Frankfurt/Main

Riker, William H. (1962), *The Theory of Political Coalition*, New Haven

Sen, Amartya K. (1970), *Collective Choice and Social Welfare*, Cambridge u. a.

Tullock, Gordon (1974), *The Social Dilemma. The Economics of War and Revolution*, Blacksburg

Einen Überblick bieten:

Braun, Dieter (1999), *Theorien rationalen Handelns in der Politikwissenschaft*, Opladen

Druwe, Ulrich (1995), *Politische Theorie*, Neuried, 2. Aufl.

Franke, Siegfried F. (2000), *(Ir)rationale Politik. Grundzüge und politische Anwendungen der ökonomischen Theorie der Politik*, Marburg, 2. erw. und überarb. Aufl.

Kern, Lucian (2001), »Theorien der Verteilungsgerechtigkeit«, in: Druwe, Ulrich/Kunz, Volker/Plümper, Thomas (2001), *Jahrbuch für Handlungs- und Entscheidungstheorie*, Folge 1/2001, Opladen, S. 181–212

Zur Neuen Institutionenökonomie

Alchian, Armen A. (1961), *Some Economics of Property*, Santa Monica

Coase, Ronald H. (1937), »The Nature of the Firm«, in: *Economica*, 16. Jg., S. 386–405

Demsetz, Harold (1967), »Toward a Theory of Property Rights«, in: *American Economic Review*, S. 347–359

Jensen, Michael C./Meckling, William H. (1976), »Theory of the Firm«, in: *Journal of Financial Economics*, S. 305–360

North, Douglas C. (1990), *Institutions, Institutional Change and Economic Performance*, Cambridge; dt. (1992), *Institutionen, institutioneller Wandel und Wirtschaftsleistung*, Tübingen

Ostrom, Elinor (1990), *Governing the Commons: The Evolution of Institutions für Collective Actions,* Cambridge, dt. (1999), *Die Verfassung der Allmende*, Tübingen

Ross, Stephen A. (1973), »The Economic Theory of Acency«, in: *American Economic Review*, S. 134–139

Williamson, Oliver (1975), *Markets and Hierarchies: Analysis and Antitrust Implications*, New York/London
- (1985), *The Economic Institutions of Capitalism*, New York, dt. (1990), *Die ökonomischen Institutionen des Kapitalismus*, Tübingen

Einen Überblick bieten:
Erlei, Mathias/Leschke, Martin/Sauerland, Dirk (1999), *Neue Institutionenökonomik*, Stuttgart
Maurer, Andrea/Schmid, Michael (2002), »Die ökonomische Herausforderung der Soziologie?«, in: dies. (Hg.), *Neuer Institutionalismus*, Frankfurt/New York, S. 9–38
Richter, Rudolf/Furubotn, Eirik G. (1999), *Neue Institutionenökonomik*, Tübingen, 2. Aufl.

Zur Anwendung von Rational Choice und des strukturell-individualistischen Ansatzes auf verschiedene Gebiete

Axelrod, Robert (1984), *The Evolution of Cooperation*, New York, dt. (2000), *Die Evolution der Kooperation*, München, 5. Aufl.
Bamberg, Sebastian/Gumbl, Harald/Schmidt, Peter (2000), *Rational Choice und theoriegeleitete Evaluationsforschung*, Opladen
Becker, Gary S. (1976), The Economic Approach to Human Behavior, Chicago; dt. (1993), *Der ökonomische Ansatz zur Erklärung menschlichen Verhaltens*, Tübingen, 2. Aufl.
Boudon, Raymond (1979 [zuerst 1971/1975/1977]), *Widersprüche sozialen Handelns*, Darmstadt, Neuwied
Coleman, James S. (1990) *Foundations of Social Theory*, Cambridge, Mass.; dt. (1995), *Grundlagen der Sozialtheorie*, 3 Bände, München, Studienausgabe
Esser, Hartmut (1996 [zuerst 1993]), *Soziologie. Allgemeine Grundlagen*, Frankfurt/New York, 2. durchges. Aufl.
- (1999/2000/2001), *Soziologie. Spezielle Grundlagen*, 6 Bände, Frankfurt/New York
Frey, Bruno S. (1990), *Ökonomie ist Sozialwissenschaft. Die Anwendung der Ökonomie auf neue Gebiete*, München
Homann, Karl/Suchanek, Andreas (2000), *Ökonomik: Eine Einführung*, Tübingen

Kirchgässner, Gebhard (1991), *Homo Oeconomicus. Das ökonomische Modell individuellen Verhaltens und seine Anwendung in den Wirtschafts- und Sozialwissenschaften*, Tübingen

Lindenberg, Siegwart (1977), »Individuelle Effekte, kollektive Phänomene und das Problem der Transformation«, in: Eichner, Klaus/Habermehl, Werner (Hg.), *Probleme der Erklärung sozialen Verhaltens*, Meisenheim a. Gl., S. 46–84

– (1985), »An Assessment of the New Political Economy: Its Potential for the Social Sciences and for Sociology in Particular«, in: *Sociological Theory*, 3. Jg., S. 99–114

McKenzie, Richard B./Tullock, Gordon (1978), *The New World of Economics – Explorations into Human Experience*, Homewood, Ill.; dt. (1984), *Homo Oeconomicus. Ökonomische Dimensionen des Alltags*, Frankfurt/New York

Opp, Karl-Dieter (1979), *Individualistische Sozialwissenschaft*, Stuttgart

– (1983), *Die Entstehung sozialer Normen*, Tübingen

– /Burow-Auffarth, Käte/Hartmann, Peter/Witzleben, Thomazine von (1984), *Soziale Probleme und Protestverhalten*, Opladen

Radnitzky, Gerard/Bernholz, Peter (Hg.) (1987), *Economic Imperialism. The Economic Method Applied Outside the Field of Economics*, New York

Raub, Werner/Voss, Thomas (1981), *Individuelles Handeln und gesellschaftliche Folgen. Das individualistische Programm in den Sozialwissenschaften*, Darmstadt/Neuwied

Ramb, Bernd-Thomas/Tietzel, Manfred (Hg.) (1993), *Ökonomische Verhaltenstheorie*, München

Weede, Erich (1992), *Mensch und Gesellschaft*, Tübingen

Zur kritischen und weiterführenden Diskussion

Blossfeld, Hans-Peter/Prein, Gerald (Hg.) (1998), *Rational Choice and Large Scale Data Analysis*, Boulder u. a.

Coleman, James S./Fararo, Thomas J. (Hg.) (1992), *Rational Choice Theory. Advocacy and Critique*, Newbury Park u. a.

Druwe, Ulrich/Kunz, Volker (Hg.) (1996), *Handlungs- und Entscheidungstheorie in der Politikwissenschaft*, Opladen

- /Kunz, Volker (Hg.) (1998), *Anomalien in der Handlungs- und Entscheidungstheorie*, Opladen
Esser, Hartmut (1996a), »Die Definition der Situation«, in: *Kölner Zeitschrift für Soziologie und Sozialpsychologie*, 48. Jg., S. 1–34
Friedman, Jeffrey (Hg.) (1996), *The Rational Choice Controversy*, New Haven/London
Green, Donald P./Shapiro, Ian (1994), *Pathologies of Rational Choice Theory*, New Haven; dt. (1999), *Rational Choice. Eine Kritik am Beispiel von Anwendungen in der Politischen Wissenschaft*, München
Jungermann, Helmut/Pfister, Hans-Rüdiger/Fischer, Katrin (1998), *Die Psychologie der Entscheidung*, Heidelberg
Kahneman, Daniel/Slovic, Paul/Tversky, Amos (Hg.) (1991 [zuerst 1982]), *Judgment under Uncertainty. Heuristics and Biases*, Cambridge u. a. (Reprint)
Kunz, Volker (1997), *Theorie rationalen Handelns. Konzepte und Anwendungsprobleme*, Opladen
Lindenberg, Siegwart (1990), »Rationalität und Kultur. Die verhaltenstheoretische Basis des Einflusses von Kultur auf Transaktionen«, in: Haferkampf, Hans (Hg.), *Sozialstruktur und Kultur*, Frankfurt/Main, S. 249–287
Opp, Karl-Dieter (1991), »Das Modell rationalen Verhaltens. Seine Struktur und das Problem der ›weichen Anreize‹«, in: Bouillon, Hardy/Andersson, Gunnar (Hg.), *Wissenschaftstheorie und Wissenschaftslehre*, Berlin, S. 105–124
- (1999), »Contending Conceptions of the Theory of Rational Action«, in: *Journal of Theoretical Politics*, 11. Jg., S. 171–202
Spohn, Wolfgang (1994), »Wie lässt sich Spieltheorie verstehen?«, in: Nida-Rümelin, Julian (Hg.), *Praktische Rationalität*, Berlin, New York, S. 197–238
Srubar, Iljar (1992), »Grenzen des ›Rational Choice‹-Ansatzes«, in: *Zeitschrift für Soziologie*, 21. Jg., S. 157–165
Zey, Mary (Hg.) (1992), *Decision Making: Alternatives to Rational Choice Models*, Newbury Park u. a.
Zintl, Reinhard (1989), »Der Homo Oeconomicus: Ausnahmeerscheinung in jeder Situation oder Jedermann in Ausnahmesituationen?«, in: *Analyse und Kritik*, 11. Jg., S. 52–69

Zur Methodologie von Rational Choice-Analysen

Arni, Jean-Louis (1989), *Die Kontroverse um die Realitätsnähe der Annahmen in der Ökonomie*, Grüsch

Blaug, Mark (1991 [zuerst 1980]), *The Methodology of Economics or How Economists Explain*, Cambridge u. a.

Friedman, Milton (1953), »The Methodology of Positive Economics«, in: ders., *Essays in Positive Economics*. Chicago, S. 3–43.

Opp, Karl-Dieter (2002 [zuerst 1970]), *Methodologie der Sozialwissenschaften*, Wiesbaden, 5. überarb. Aufl.

Popper, Karl R. (1962), »Die Logik der Sozialwissenschaften«, in: *Kölner Zeitschrift für Soziologie und Sozialpsychologie*, 14. Jg., S. 233–248

Stanley, T. D., 1985: »Positive Economics and Its Instrumental Defense«, in: *Economica*, 52. Jg., S. 305–319

Ausgewählte Zeitschriften und Periodika

Analyse und Kritik
Jahrbuch für Handlungs- und Entscheidungstheorie
Jahrbuch für Neue Politische Ökonomie
Journal of Behavioral Decision Making
Journal of Institutional and Theoretical Economics
Ökonomie und Gesellschaft
Organizational Behavior and Humans Decision Processes
Public Choice
Rationality and Society

Glossar

Aktionsannahmen Annahmen über die »proximalen« (unmittelbaren) Wirkungen einer Intervention in soziale Handlungsfelder aufgrund eines Steuerungsprogramms. Entspricht im Kontext des strukturell-individualistischen Ansatzes den Auswirkungen auf die Logik der Situation und ihrer Definition durch die Akteure.

Anreize Handlungsbestimmende Erwartungen über die Vor- oder Nachteile von Handlungsalternativen. Siehe auch Restriktionen/ Handlungsbeschränkungen/Handlungsmöglichkeiten.

Brückenannahmen Geben an, welchen Einfluss soziale Phänomene auf Akteure ausüben. Sie verbinden die unabhängigen Variablen der Handlungstheorie (Nutzentheorie) mit der sozialen Situation.

empirisch-analytisches Wissenschaftsverständnis Wissenschaftstheoretische Grundlage von Rational Choice. Empirische Aussagen beziehen sich auf reale Sachverhalte und können anhand der Empirie beziehungsweise der Wirklichkeit überprüft werden (Korrespondenztheorie der Wahrheit). Analytisch heißen Aussagen, deren Geltung anhand der Regeln der Logik überprüft werden kann (Kohärenztheorie der Wahrheit).

Erklärung Gibt Ursache-Wirkungszusammenhänge für das Vorliegen bestimmter Sachverhalte an. Nach Hempel und Oppenheim besteht eine E. aus einem Explanans (das Erklärende) und einem Explanandum (das zu Erklärende). Das Explanans besteht aus den Rand-, Anfangs- oder Antecedensbedingungen (empirische Sachverhalte) und einem oder mehreren Gesetzen. In einer deduktiv-nomologischen E. wird das Explanandum logisch aus dem Explanans abgeleitet.

Gesetz/Theorie/Hypothese Wenn-dann- oder Je-desto-Aussage, die eine kausale Beziehung zwischen zwei oder mehr Variablen beschreibt. Ein Gesetz (griechisch »Nomos«) gibt in allgemeiner Form an, was der Fall sein muss, damit eine bestimmte Folge eintritt. Es ist Bestandteil einer wissenschaftlichen Erklärung. Eine Theorie enthält oft mehrere Gesetze. Eine Hypothese ist eine Vermutung über Kausalzusammenhänge.

Instrumentalismus/Als-ob-Methodologie Wissenschaftstheoretische Auffassung, nach der es nicht darauf ankommt, ob die einer Untersuchung zugrunde liegenden Annahmen realistisch sind, sondern darauf, wie genau die Vorhersagen sind. Daher reicht es aus, so zu tun, »als ob« die Annahmen zutreffen.

Kollektivgut Ein Gut, von dessen Konsum kein interessierter Akteur ausgeschlossen werden kann – auch nicht solche Akteure, die sich nicht an der Bereitstellung des entsprechenden Gutes beteiligt haben (Trittbrettfahrer). Dieses Problem führt zu sozialen Dilemmata, die sich vereinfacht im Gefangenendilemma darstellen lassen.

kollektiver/korporativer Akteur Aggregierte Handlungseinheit, für deren Mitglieder die Verfolgung eines einheitlichen Interesses unterstellt werden kann. Korporative Akteure weisen darüber hinaus eine »Verfassung« auf, in der die Regeln, nach der die kollektive Akteurseinheit »funktioniert«, festgehalten sind (in der Regel Organisationen). Für die Analyse kollektiver/korporativer Akteure gilt das Prinzip des methodologischen Individualismus.

Konzeptualannahmen Annahmen über die »distalen« (mittelbaren) Wirkungen einer Intervention in soziale Handlungsfelder aufgrund eines Steuerungsprogramms. Entspricht im Kontext des strukturell-individualistischen Ansatzes zumeist den Auswirkungen auf die Logik der Selektion und die Logik der Aggregation.

Konsistenzbedingung Voraussetzung für rationales, nutzenmaximierendes Handeln. Akteure können angeben, ob sie einen Sachverhalt dem anderen vorziehen oder indifferent sind (auch als »Prinzip der Vollständigkeit« bezeichnet).

Logik der Aggregation Stellt innerhalb der Mehrebenenerklärung mit Hilfe von Transformationsregeln den Zusammenhang zwischen den individuellen Effekten auf der Mikroebene und dem kollektiven Explanandum auf Makroebene her.

Logik der Selektion Steht innerhalb der Mehrebenenanalyse für das Handlungsgesetz. Aus den individuellen Handlungen ergeben sich die kollektiven Effekte. Im Rahmen von Rational Choice findet die Nutzentheorie Verwendung.

Logik der Situation Stellt innerhalb der Mehrebenenanalyse mit Hilfe von Brückenannahmen die Verbindung zwischen der Makro- und der Mikroebene her.

Marginalanalyse/Grenznutzenanalyse Beruht auf der Analyse des zusätzlichen Nutzens (des Grenznutzens) beziehungsweise der zusätzlichen Kosten (der Grenzkosten), die aufgrund einer Verhaltensänderung entstehen. Nutzenmaximierung liegt vor, wenn die Grenzkosten dem Grenznutzen entsprechen.

methodologischer Individualismus Die Analyse von Phänomenen auf der Makroebene erfolgt durch Annahmen über die Mikroebene der Akteure in bestimmten sozialen Situationen. Siehe strukturell-individualistischer Ansatz.

Nutzen/Kosten/Nettonutzen Der Nutzen eines Sachverhalts/einer Handlung/einer Handlungskonsequenz steht für seinen/ihren Befriedigungswert. In der Nutzentheorie ist der Begriff völlig offen. Wenn die Ergebnisse des Handelns unsicher sind, spricht man vom »(subjektiv) erwarteten Nutzen« einer Handlung. Der negative Nutzen entspricht den Kosten des Handelns. Der Nettonutzen bezeichnet den Gesamtvorteil einer Handlung.

Nutzenmaximierung Grundannahme der Nutzentheorie. N. heißt, dass die Akteure versuchen, mit ihren Handlungen ihre Ziele in höchstem Maße zu realisieren – unter Berücksichtigung der Handlungsbeschränkungen beziehungsweise Handlungsmöglichkeiten, denen sie sich gegenübersehen. Die Annahme der Maximierung unter den gegebenen und wahrgenommenen Bedingungen der Situation wird auch als »Rationalität des Handelns« bezeichnet.

Nutzentheorie Synonym für Rational Choice als Handlungs- und Entscheidungstheorie in der Logik der Selektion. Das beobachtbare Handeln wird als Resultat einer rationalen Wahl zwischen Handlungsalternativen dargestellt. Im einfachsten Fall besteht diese Wahl darin, eine bestimmte Handlung auszuführen oder nicht auszuführen. Siehe Nutzenmaximierung.

Opportunitätskosten/Alternativkosten Entgangener (Netto-) Nutzen aus der nicht gewählten zweitbesten Handlungsalternative.

politischer Markt Gesamtheit der politischen Beziehungen zwischen den Politikern als Anbietern und den Wählern als Nachfragern politischer Maßnahmen und Programme in einem bestimmten Raum zu einer bestimmten Zeit.

Rational Choice Theoretischer Ansatz zur Erklärung, Prognose und Simulation kollektiver Sachverhalte. Soziale Phänomene werden auf Handlungen rationaler, nutzenmaximierender Akteure in sozialen Situationen zurückgeführt. Verbindung des Konzepts des methodologischen Individualismus beziehungsweise des strukturell-individualistischen Ansatzes mit der Nutzentheorie als handlungstheoretischem Kern (R. C. im engeren Sinn). R.-C.-Analysen finden sich in allen Bereichen der Sozialwissenschaften.

rationales Handeln Siehe Nutzenmaximierung.

Rationalitätspostulat Das R. gibt Grundbedingungen für wissenschaftliches Arbeiten an. Nach dem R. sind nur solche Aussagen als wissenschaftlich auszuweisen, die den Kriterien der Präzision, der Intersubjektivität und der Begründbarkeit genügen.

Restriktionen/Handlungsbeschränkungen/Handlungsmöglichkeiten Darunter fallen alle Sachverhalte, die den als unbegrenzt betrachteten Bedürfnissen oder Wünschen der Akteure Grenzen setzen oder Möglichkeiten zu ihrer Verwirklichung bieten. R./H./H. setzen Anreize für bestimmte Handlungen. Positive Anreize sind mit positivem Nutzen, negative Anreize mit negativem Nutzen (Kosten) für den Handelnden verbunden.

SEU-Modell Bekannteste Formalisierung der Nutzentheorie für Situationen unter Unsicherheit (SEU = »Subjective Expected Utility«).

Nach dem SEU-Modell wird diejenige Handlungsalternative ausgeführt, deren perzipierte Handlungskonsequenzen am positivsten bewertet und am sichersten erwartet werden.

soziale Produktionsfunktionen Konzept zur Analyse der sozialen Situation. S. P. geben die gesellschaftlichen beziehungsweise sozialstrukturellen Bedingungen an, unter denen eine Person systematisch ihre grundlegenden Bedürfnisse verwirklichen beziehungsweise produzieren kann.

Spieltheorie Konzept zur Analyse von Situationen, die durch strategische Interdependenz gekennzeichnet sind.

Strategie Lässt sich vereinfacht als Handlungsalternative im Kontext der Spieltheorie betrachten. Die Kombination der von den Akteuren (»Spielern)« gewählten Strategien bestimmt den Spielausgang.

strategische Interdependenz Situationen strategischer Interdependenz sind dadurch gekennzeichnet, dass die Entscheidungen eines Akteurs direkte Rückwirkungen auf die Entscheidungen der anderen beteiligten Akteure haben und jeder Akteur davon ausgeht, dass sich alle anderen dieser Wechselseitigkeit ebenfalls bewusst sind.

strukturell-individualistischer Ansatz/Mehrebenenanalyse Sozialwissenschaftliches Analyseschema, nach dem kollektive Phänomene unter Rückgriff auf drei analytisch unabhängige »Logiken« untersucht und erklärt werden: die Logik der Situation, die Logik der Selektion und die Logik der Aggregation.

Transaktionskosten Kosten, die aus der Informationsbeschaffung und -verarbeitung, der Koordination mit anderen Personen oder der Kontrolle des Verhaltens anderer Akteure entstehen.

Transformationsregeln Geben an, wie bestimmte individuelle Handlungen zu einem bestimmten kollektiven Effekt führen.

Transitivitätsbedingung Voraussetzung für rationales, nutzenmaximierendes Handeln. Akteure haben geordnete Präferenzen, das heißt, sie können sie in eine widerspruchsfreie Rangordnung bringen.